私小説というレトリック

「私」を生きる文学

伊藤　博

鼎書房

私小説というレトリック■「私」を生きる文学■——目次

凡例

1. 単行本、雑誌、新聞のタイトルには『　』を付し、文学テクスト、エッセイ、随筆、評論、論文のタイトルには「　」を付した。
2. 年代表記は基本的に西暦と元号を併記した。論文によっては西暦、あるいは元号のみを使用している。それは時代を表象することを意図しているからである。
3. 引用文の旧漢字は新漢字に直し、仮名遣いについては旧仮名のものはそのままにした。
4. 強調した語彙には〈　〉を付した。

I　自己実現への模索

＊谷崎潤一郎の教養小説——「異端者の悲しみ」

はじめに

谷崎潤一郎の「異端者の悲しみ」（『中央公論』大正六年七月号）は、これまでおもに自伝的小説として読まれてきた。というのも、その結末が「それから二た月程過ぎて、章三郎は或る短編の創作を文壇に発表した。彼の書く物は、当時世間に流行して居る自然主義の小説とは、全く傾向を異にして居た。それは彼の頭に発酵する怪しい悪夢を材料にした、甘美にして芳烈なる藝術であつた」と記されていたからであった。また、雑誌掲載時のタイトルには「異端者の悲しみ——亡き母の霊にさゝぐ——」と記され、さらに、「はしがき」には「周囲の人物は別として、少くとも此の中に出て来る四人の親子だけは、その当時の予が心に事実として映じた事を、出来得る限り、差支へのない限り、正直に忌憚なく描写した物なのである。此の意味に於いて、此の一編は予が唯一の告白書である」と記されていたからである。

この谷崎自身の自注的表現をそのまま追認した結果、橋本芳一郎はこのテクストを「おめでたい文壇立志伝」[1]と見做し、田中美代子は「饒太郎」(『中央公論』大正三年九月号)、「神童」(『中央公論』大正五年一月号)と共に、「アイロニカルな仮面の告白」と捉え、「ある文学青年の精神的遍歴を描いている」[2]と評した。前田久徳は「一種の出世物語、成功譚の様相を帯びてくることは避けられない」[3]と述べている。

おそらく、論者たちは、谷崎潤一郎の文業が確立したことを踏まえて、遡及的にこのテクストを評価したために、先に引用した評価を下したのであろう。しかし、畑中基紀が指摘した[4]ように、新書版自選『谷崎潤一郎全集　第六巻』(中央公論社、昭和三三・六)所収の「異端者の悲しみ」では、亡き母への献辞と「はしがき」、さらに、先に引用した結末部分は削除されている。畑中は新書版自選全集が、作者谷崎が関与した最終的なテクストである限り、新書版を決定版にすべきであると主張している。谷崎は、「異端者の悲しみ」を自伝的小説として読まれたくなかったために当該部分を削除したに相違ない。

このテクストを自伝的小説として読むとすれば、何よりも「はしがき」の亡き母への献辞それ自体が「異端者の悲しみ」の発表時に先立ち、大正六年五月一四日に母関を亡くしたことが背景にあることに疑う余地はない。谷崎三一歳の時である。また、その献辞は「母を恋ふる記」(『東京日日新聞』『大阪毎日新聞』大正八・一・一九〜二・二二)、『少将滋幹の母』(毎日新聞社、昭和二五・八)に至る谷崎の母性思慕の先駆的な表明として受け取ることもできる。あるいは、「異端者の悲しみ」における章三郎が「Masochist」であるという語り手の規定は、「饒太郎」における主人公の「生来の完全な立派な、そうして頗る猛烈なMasochisten」であるという規定とも重なる。また、それらの規定は、谷崎が関西移住後に発表した『痴人の愛』（改造社、大正一四・七）の河合譲治とナオミ（奈緒美）との関係にも遠く関わる。

本稿で試みるのは、自伝的小説の枠組みを取り払い、章三郎が自らの家族や、彼が帰属する地域社会の人々と大きくズレる特権《エリート》意識、両親や妹、友人たちとの関係の只中から生じるさまざまな悲しみの感情の質を見極めながら、併せて、章三郎の生の軌跡を追認することである。そのことによって、このテクストを青年期特有の精神的危機から脱出する物語として敷衍的に読むことができるはずである。さらに、ベルグソンの哲学が主人公の間室章三郎に影響を及ぼしている様相を確認し、それをひとつの視座としてこのテクストの分析・検討を試みる。それは、章三郎の作家デビューに至る経緯に、ある種の思想的な意味を見出すことができるように思われるからである。

1　夢の自覚

一般に青年期[5]は人間の発達段階のうえで、児童期と成人期の間に位置し、いわゆる子どもから大人への移行期として位置づけられている。この時期は心身両面の発達が加速し、自我と性の目覚めによって自己の内面への関心が増大し、それまで依存してきた親から独立しようとする心理的離乳の現象が現れてくる。年齢的にいえば、一五、六歳から二二、三歳に至る期間がその時期に当たる。年齢からいえば二五、六歳の章三郎は、すでに青年期をほぼ終えている。章三郎は成人ではあるが、現在は、大学生であり、職業に就かず、結婚もしていない。彼は自ら青年期を延長し、猶予期間《モラトリアム》を生きる人物なのである。

名詮自性の観点からいえば、「間室」という名字のなかの「間」という一字が子どもと成人のあいだ、すなわち、青年期それ自体を示唆していると読むことができる。そればかりか、その「間」は、テクスト冒頭の章三郎の「午睡」、つまり朝と夜のあいだの一時的な睡眠状態を表象していると読むこともできる。さらに、その「間」は、章三郎が睡眠中であるにも拘らず、夢に対して自覚的となっていることにも関係している。「眠りと目覚めとの中間の世界」、すなわち、「半意識の状態」がそれである。中学時代の同窓生に対しても「間」は関連している。「村井を殺し、原田を殺し……」という章三郎の独り言のなかに、「あの二人と自分との間」に恐ろしい宿業があると考えているのだ。

章三郎の住む場所についても、「間」と「室」を端的に指摘することができる。章三郎は日本橋八丁堀の裏長屋の二階、つまり「壮快な空」と「大地」の「間」の「室」内に住んでいるのである。すでに、近代文学における家屋の二階の問題は、前田愛が的確に指摘している。前田愛は「花袋の『蒲団』と紅葉の『多情多恨』は、いずれも二階の下宿人と階下の家族とのあいだにくりひろげられる葛藤を主軸とする物語であ」り、二葉亭四迷の『浮雲』も「二階の下宿人にまつわる物語」であると指摘し、二階を「作中人物の身ぶり」の「解読の鍵として」[6]捉えている。「異端者の悲しみ」の場合、下宿人はいないにしても、二〇代半ばになっても学校を怠け、収入のない章三郎は下宿人の立場とさほど大差はないといっても差し支えあるまい。

　ともかく、二階に兄の章三郎が、階下に父母と肺病の妹のお富が暮らしているのが、間室家の実状なのである。便所が階下にあるため、必要なときに、章三郎は階下に降りていかざるを得ないのであるが、肺病の感染を恐れる章三郎は、ほとんど二階の部屋で生活しており、母親が妹のために親戚から借りた蓄音機で清元を聴くのも二階の部屋である。間室家が経済的に困窮しているため、明治末期から大正期にかけて普及した家庭用娯楽メディアとしての蓄音機[7]を購入することができないがゆえに、母親が親戚から借りてくる他はなかった蓄音機を、章三郎ただひとりが占有しているのである。

　階下は死期が近づいている妹と父母の生活空間であり、二階は清元や常磐津、義太夫、長唄、落語などを楽しみ、独り言を言ったり、黙想にふける兄章三郎の生活空間であって、一階と二階に区分されたそれぞれの生活空間は、死と生、生活と娯楽、日常と非日常といった鮮やかな二項対立を示している。

　とりわけ、章三郎が二階の部屋で聞く清元「北州千歳壽」[8]が、「………柳桜の仲の町、いつしか花もチリテツトン………」というところでレコードの円盤が止まってしまうのは、決して機械の故障や単なる偶然ではないことに注意を払っておくべきである。ここで中断後の清元を復元しておけば、「見世清掻きの風薫る、簾か〻げて時鳥、鳴くや皐月のあやめ草[9]　黒白もわかぬ単衣　いよし御見の文月の、亡き玉章の燈籠に（後略）」というように、吉原の遊女玉菊の死が語られており、レコードが何回も中断することによって、妹お富の死が予告されているようにも読むことができる。このように、二階の部屋は章三郎が趣味的生活にふける場所であるが、同じような二階の部屋に暮らしていても、宇野浩二の「夢見る部屋」（『中央公論』大正一一・四）の小説家の「私」は、かつて読書と空想に耽りたいという望みを抱き、それが適った現在は、本箱と山の写真に囲まれ、逆に息苦しさを感じ、夢を失ったことに思い至っている。他者の介入を拒絶する「私」は、別に下宿屋の四階の部屋を借りることになる。そして、その借りた部屋で、「私」は三味線を弾きながら、長唄、義太夫、清元などに時間の経過を忘れるほど没頭しているのである。

さらに、この「私」は自らを「幻燈機械」に擬え、部屋の天窓を通じて自分の部屋そのものを空に映し出そうとする空想に耽っているのだ。その意味では、章三郎と「私」の音楽の趣味が似ていることもあって、小説家としてなんとか生計を立てている「私」に、章三郎の将来の姿を投影することができるのかも知れない。作家以前の章三郎と作家としての「私」が共に空想に耽る人物であるのは、彼らが小説を書くことを生きる目的としている以上、それは創作に関わる者の資質の必然的な一致というべきであろう。

谷崎の「小僧の夢」（『福岡日日新聞』大正六・三～四）の「庄太郎」も、詩や歌などまだ一編も創作していないにも拘らず、日頃から芸術家になることを夢想しており、彼が反自然主義的文学観をしっかりと持っている点からいっても、章三郎と同じタイプの人物であるといえよう。谷崎自身も「早春雑感」（『雄弁』大正八年四月春季増刊号）と題するエッセイにおいて、「凡べて《ママ》の芸術に、若し何等かの共通な基礎があるとするならば、（中略）空想の発生が其の基礎であると云ひたい」と述べている。

社会や家族における章三郎の立場や位置について考えるためには、市川浩が言う〈中間者〉[10]の概念を手がかりにしながら検討を進めていくのが有効であろう。おそらく、そのことによって、章三郎の思考の特徴も把握することができるはずである。市川浩は〈中間者〉の概念を次のように考えている。

われわれはつねに中間から出発して全体化してゆく。あらかじめ立てられた全体へ向って完結するのでもなく、全体を包む原型を展開するのでもない。不均衡であり、たえず偶然の外的要素によって攪乱されるからこそ全体化へと向かう動的均衡である。その意味で中間者はたえまない生成のプロセスにある。われわれは自己組織化なしには存在しえない。われわれは一瞬一瞬、他なるもの、異質なものに出会い、解体の危機にさらされつつ、全体化している。私が自己自身にかかわるときでさえ、私は他者としての自己を発見して驚くのだ。このような相互作用のうちにあるからこそ、自己組織化は動的均衡という、相対的な安定と不安定のなかで、新しいものを作りだし、自ら新しいものになってゆく。（中略）こうした相互作用的な自己組織化をとおして全体化するものを〈断片〉fragment と呼びたい。（傍点・山括弧―引用文、以下同じ）

市川浩によれば、〈中間者〉は自己自身、及び他者との関係性のもとで自己組織化する存在であり、「たえまない生成のプロセスにある」と言う。ならば、子どもと成人の中間に位置する青年、間室章三郎こそ睡眠と覚醒の中間の世界にさまよいながら、現実の世に執着しつつ、幻の世界を希求しているという意味では、〈中間者〉に相応しい存在であるといえよう。語り手は、章三郎には「いくらかの狂気の素質」も備わっているとも述べているが、それが「他人の注意」を惹くほどではないだけに事なきを得ているのであって、その意味では、章三郎は正気と狂気の中間に位置する人物であるといってよいだろう。さらに、語り手は、章三郎が友人から借用した金銭を返却することを実行しようとはしない無自覚さに「犯罪者の素質」を認めている。従って、章三郎は善人と悪人との中間に位置する人物でもあるのだ。

市川浩が言うように、「一瞬一瞬、他なるもの、異質なものに出会い、解体の危機にさらされつつ、全体化している」という文脈に、さまざまなかたちで金銭を工面してまで、他者である娼婦のもとに通う「Masochist」の章三郎を位置づけてもよいだろう。さらに、「自己組織化は動的均衡という、相対的な安定と不安定のなかで、新しいものを作りだし、自ら新しいものになってゆく」という表現に、章三郎が両親や妹に代表される庶民の一員でありながら、自ら芸術家を志向しつつ、精神的に揺らぎながらも、短編小説を発表し、作家としてデビューを果たすといった展開を当て嵌めることもできる。

ただ、「異端者の悲しみ」には芸術作品を創作したいという意欲は記されてはいるものの、創作過程それ自体は一切描かれてはいない。それゆえ、山本健吉が、この小説が描いているのは、「青年期の混沌そのものであつて、一人の創造的才能が如何にして開花するきつかけを見出したかという、思想形成の歴史は一つも書かれていない[11]」と主張し、安田孝が「彼（章三郎―引用者）が作品を書いたというのは、それまでの章三郎の行動から必然的に導き出されるものではないからである。（中略）製作のことなど少しも気にしていなかった[12]」と評することになるのである。しかし、この点に関して、異論を差し挟んでおくならば、章三郎のさまざまな独り言や夢、瞑想や連想などの断片《フラグメント》が自覚的に構成されたとき、それらが短編創作へ至るなんらかの伏線であったと考えることもできるのではあるまいか。「自由意思」で想像する能力こそ、「異端者の悲しみ」末尾に記された短編を創作し得た作家的想像力と読み替えることも可能である。

とりわけ問題にしたいのは、山本と安田が小説末尾の空白部分の持つ意味を全く考慮していないことである。その空白こそが、章三郎の短編創作の執筆過程を示唆していると思われるのであるが、その点に関しては後に詳しく検討することにして、ここでは、短編小説として統合化されない想像力の散乱が創作発表以前の章三郎の観念の特徴であったというに留める。

さて、このテクスト全体の読みにも関わるが、語り手は、章三郎にはベルグソンの説く「不断の意識の流れ」は流れていそうにはないと語っており、当の本人もまた、「時と自由意思」の論旨の大部分を忘れ去っていると述べている。おそらく、時期的にいって章三郎が読んだのは、北一輝の弟、北昤吉による『ベルグソン哲學の解説及批判　第壹編　時間と自由意思　哲學入門[13]』（南北社、大正三・四）であろう。章三郎がその内容を覚えていなくとも、夢の流れを自由に制御していることは注目しておいてよい。章三郎の独り言の中に登場する初恋の女性「お浜ちゃん」の名前の反復は、女性に対する欲望として確実にその意識の流れの只中から発せられている。さらに、中学時代の同窓生の「村井を殺し、原田を殺し……」と語る固有名にしても、彼らが美少年であることによって、章三郎にとっては、禁じられたエロスの対象として自らの深層意識の流れのなかに確実に存在している。「楠木正成を討ち、源義経を平げ……」といった独り言にしても、幼児の時に触れた歴史譚の記憶が現在に至るまで権力への渇望というかたちで、これまた意識下に潜在していることの現れではあるまいか。

この権力への渇望は、最高学府に学ぶ「偉大なる天才」と「非凡なる素質」が備わっていると自負する章三郎に寄り添うかたちで語り手が言うように、詩や小説、絵画といった芸術表現発表への密かな、しかし、強烈な野望に通底しているのである。家族や社会から距離を取り、章三郎自身が自己組織化する際、芸術創作意識こそが章三郎の自己同一性を確保しうる唯一の生の拠点であったのだ。

2　被虐の性

現在はともかく、かつての間室家が裕福であったことを表象するかのように、章三郎の妹にはお富という固有名が与えられている。お富は肺病のため死期が近いのであるが、彼女が唯一凄みを見せるのが蓄音機の円盤を回す際の光景である。

痛々しく痩せ千涸《ひか》らびた病人の少女が、重さうなどてらを被《かつ》いで褥の上に起き直つて、静かに円盤を廻して居ると、其の傍《かたはら》に父と母とが頭を垂れて謹聴して居る光景は、どう考へても一種の奇観であつた。その時の娘の顔は、恰も不思議な妖術を行ふ巫女のやうに物凄く、親達は又、その魔法に魅せられた男女の如く愚かに見えた。さうして蓄音機と云ふ物が、凡人の与《あづか》り知られぬ霊妙神秘な機械の如く扱はれて居た。

柳田國男は「妹の力」（『婦人公論』大正一四・一〇）において、日本の歴史における祭祀祈祷といった宗教上の儀礼行為を管轄したのは女性であり、巫女として果たしてきた役割の重要性を指摘している。間室家にしても、章三郎の父親は養子であり、かつては裕福な家柄であったのだが、気弱な父親の「無能と不見識」によって零落した母系制の家なのである。このような家にあって、肺病という当時としては決定的な死の病(14)に冒されたお富が、音声を電気的に複製する蓄音機の扱いに手馴れている様子を、語り手は「不思議な妖術を行ふ巫女のやうに」と形容しているのである。もちろん、この箇所はすでに言及しておいたように、章三郎がその蓄音機を上手に作動させることができずに、レコードの円盤が何回も止まってしまうことと密接に関連しているのであって、機械操作に不慣れな章三郎と手馴れたお富とが対比的に描かれているのはいうまでもない。

確かに、「なんだ手前《てめへ》は？　足腰も立たない病人の癖に、口先ばかりツベコベと勝手な事を抜かしやあがる。可哀さうだから黙つて居てやりやあ、い、気になつて何処まで増長しやがるんだ。手前の指図なんぞ受ける必要はないんだから、大人しくして引込んで居ろ。どうせ手前のやうな病人はな、………」という章三郎の最後まで語りきらない発話は、病床のお富を罵倒しながら、死に関する決定的な言葉を発することができず、章三郎の本音が伏せられ、躊躇している複雑な心理状態を表現している。しかし、章三郎の言葉が途切れたまさにその瞬間に、お富が兄の発せられない言葉の内容を明確に理解しているかのように兄を見詰めるに至っては、彼女の巫女的存在は、さらに明らかなものとなっている。要するに、「恐ろしい程にませた怜悧な」お富は巫女に擬せられているわけである。妹の瞳はその兄の語られざる言説の内容を正しく把握しているのだ。「兄さんの云はうとして躊躇した言葉の意味は、私にもよく分かつて居ます。どうせ私は、もう直き死んでしまふんです」という彼女の内なる言葉がそれである。

問題は病床にあって、自由が奪われ、死期が間近に迫っている妹と反対に、章三郎がマゾヒストとして自由に行動していることである。確かに、章三郎のマゾヒストとしての資質は友人との関係において、「剽軽者」や「呑気な男」「警句屋」と呼ばれ、「芸人」のように重宝がられることに彼は「愉快」を感じており、そこに章三郎の被虐的な資質を垣間見ることができる。しかし、その実際的なマゾヒズム行為は具体的に描写されてはいない。語り手にしても、「その頃、Masochist の章三郎は、何でも彼の要求を聴いてくれる一人の娼婦を見つけ出した。その女に会ひたさに、彼はあらゆる手段を講じて遊蕩費を調達しては、三日にあげず蠣殻町の曖昧宿を訪れた」と語るのみであって、章三郎の行為には一切言及していないし、章三郎自身、何も語ってはいない。

その意味で、尾高修也が「谷崎の初期のものが「マゾヒスト」の主張として雄弁ではあっても、マゾヒズム文学としては必ずしも豊かではない[15]」と指摘しているのは正しい見方である。もっともこの見解は、尾高自身も述べているように、すでに、河野多恵子が『谷崎文学と肯定の欲望』（文藝春秋、昭和五一・九）において同様の主旨を展開している。ただ河野は、章三郎のマゾヒズムの傾向が発生する原因や所以について論じているわけではなく、むしろ、章三郎の欲望を谷崎に即して、「あり得ていない富をめぐるもの」「肯定せずにはいられない想像世界を発酵させること」[16]にあると理解している。

本稿では、谷崎文学におけるマゾヒズム問題の全体像を論じる余裕はないが、ここでは、章三郎のマゾヒズム問題だけでもジル・ドゥルーズの『マゾッホとサド』を参照しながら検討しておきたいと思う。『マゾッホとサド』（蓮實重彥訳、晶文社、昭和四八・七）から引用する。

マゾヒストは父親の位置に身を置き、その男性的能力を横領しようとする（サディスト的段階）という概念から出発するのである。それに続いて、第一の罪の意識、懲罰としての去勢への第一の怖れが、決定的契機となって当初の能動的な目的の放棄をマゾヒストに強い、その結果としてマゾヒストは母親の地位を奪い、自分自身の身を父親に捧げるというのだ。だが、それによってマゾヒストは第二の罪の意識、第二の去勢恐怖に陥るのだが、ここではそれは、受動的な企だてのうちに含まれることになろう。（父親と母親）

蓄音機の使用をめぐる争いから、母親と妹によって非難された章三郎は、父親を除く彼ら二人を自分以下の人間として位置づけていた。ドゥルーズに従えば、本来、妹に与えられるべき蓄音機を奪い、それを占有する章三郎は、明らかに「サディスト的段階」にあり、権限行使の立場からすれば、「父親の位置」を獲得している。その章三郎に対して、「後《あと》でお父《と》つさんがお帰んなすつたら云ひつけてやるから、その積りで居るがいゝ」という母親の叱責は、章三郎に「懲罰としての去勢」の可能性を説いている。思い起こせば、父親は章三郎のところに来る手紙の中味を検査する役割も担っていたのであった。

先に引用しておいたように、「Masochist の章三郎」は「何でも彼の要求を聴いてくれる一人の娼婦を見つけ出」し、借金をしてまで女性との一時的な契約関係を取り結び、自分にとって都合の良い女性《サディスト》を所有していたのである。それは父親との確執や諍いを回避するための行動であるといってもよさそうである。ドゥルーズは次のようにも述べている。

> 父親の攻撃的な帰還の現実性と同時にその幻覚に対して警戒の念をいだくため、マゾヒストは何をするのか。マゾッホ的主人公は、自分の幻影的にして象徴的な世界を保護し、現実の幻覚性の攻撃から身を守るために(幻覚の現実的攻撃性もまた問題たりうるだろう)、複雑な手段にうったえねばならない。後に検討するごとく、かかる手段はマゾヒスムにあっては恒常的に存在している。それは契約であって、女性ととり交わされるものだが、その契約は、ある厳密にきめられた時点で、ある限定された期間だけ、女性にあらゆる権利を譲渡するというものである。マゾヒストが父親の危険をそらすのは、この契約によってであり、またそれによって、現実の具体的な体験からなる時間的な秩序と象徴的な秩序との同価性を保障せんとするのだが、そこにおいて父

親はあらゆる瞬間を通して無効なものとなっている。（同）

章三郎のマゾヒズムが不明確なのは『痴人の愛』における譲治のように、女性とのマゾヒズム関係が具体的に描写されていないだけでなく、章三郎が父親との確執を打ち捨ててまで娼婦に徹底的にのめり込むに至っていないからである。ドゥルーズに従えば、マゾヒズムは一時的に女性との契約関係[17]を取り結び、そのことで父親からの攻撃を回避することで、自らの身体を含む立場を相手の女性にすべて譲渡することによって成立する。フロイト的に言えば、章三郎の立場はエディプス・コンプレックスが正しく機能することなく、家庭内権力の象徴としての父親との争闘を回避し、他者としての女性との関係において、自分自身を被虐的立場に追い込むといった解釈になるだろう。

だが、ドゥルーズの言う意味では、章三郎はマゾヒストとしての資格を一部欠いている。章三郎は自宅に数日間、帰らないことはあるにしても、「親父といがみ合ふ為に八丁堀の陋屋」に舞い戻って来るのである。むしろ、父親から自らの放蕩生活を厳しく批判、罵倒されるときに、「小気味のよい、一種痛烈な快感」を覚えるというようでは、ある意味、章三郎は「自分自身の身を父親に捧げる」結果となっている。父親との関係を完全に切断し、相対化していないのである。従って、娼婦と父親双方との関係において、マゾヒズムが成立しているともいえるのである。おそらく章三郎の場合は、娼婦とはおもに身体的レベルで、父親とは心理的レベルにおいてマゾヒズムが生じている。そして、その二つのマゾヒズムは、どちらも章三郎にとって必要不可欠であればこそ、時々、章三郎は間室家と曖昧宿を往復しているのである。

そのような意味で、マゾヒストの章三郎が短編小説を発表するのは、妹お富の死と決して無関係ではないはずだ。待合から帰宅した章三郎は、父母と共に妹の臨終を確認することになる。そのとき、大泣きしているのは母親であり、彼女を窘めているのは父親であって、章三郎がその場に同席しているにも拘わらず、彼に対して語り手は何ら言及してはいない。章三郎自身も、臨終近い妹に対して心に思うことはあっても、それを一言も語ることはない。先に言及しておいたように、章三郎は妹に対して死に及ぶ決定的な言葉を投げ掛けることを自ら禁じていた。臨終場面においてもその態度は貫かれている。章三郎のそのような言葉の省略による沈黙は、吉本隆明が言う「〈間《ま》〉」という状態[18]なのであって、言葉による他者との関係を一方的に遮断することで、自らの意識内部に内向する自虐的な精神の在り様そのものではあるまいか。「〈間《ま》〉」が間室に通底しているのはいうまでもない。

妹の死が描かれた直後に、テクスト中には数行の空白があって、それから章三郎が短編小説を文壇に発表したと結論づけられている。妹の死に対して章三郎が抱いたに違いない悲しみの感情の表現は、執筆過程を表象する空白部分に回収され、文字として表現されてはいない。章三郎が再び言葉を取り戻すのは、短編の創作という文学的営為においてである。自伝的小説は基本的には作者自身の体験を時系列に沿いながら、言語によって表象する小説形式であるが、作者はすべての体験を記述することが不可能であるため、時に表現効果を狙って、小説化する際にはさまざまな体験を事後的に取捨選択し、再構成する。

「異端者の悲しみ」の場合、小説末尾に妹の死が描写され、「刺青」と思われる短編小説の発表が語られていた。しかし、千葉俊二「谷崎潤一郎年譜」[19]によれば、谷崎の妹園は「異端者の悲しみ」が発表される六年前の明治四四年六月に亡くなっている。享年一六歳。谷崎が二五歳のときである。「刺青」が『新思潮』に掲載されたのは明治四三年一一月である。本稿の冒頭で引用した「異端者の悲しみ」の最後の部分の叙述は現実の時系列とは合致しないのである。つまり、谷崎は小説を構成する上で、妹園の死と「刺青」発表の時期の順序を入れ替え、仮構しているのである。そのような仮構に加えて、雑誌初出時にあった最後の三行が自選新書版で削除されたのは、あくまでもこのテクストを自伝的小説と読まれたくはないという作者谷崎の強固な意志が反映しているのであろう。

さらに、発表された短編の内容が「自然主義の小説とは、全く傾向を異にして居た」との言説に注目すれば、反自然主義宣言とも受け取れる表明それ自体が「異端者の悲しみ」を一種相対化する役割を果たしているといえるだろう。それは「母を恋ふる記」が最後に夢であったことが判明し、それまでの小説世界をいっきに相対化する構造と相同的である。

3　生の飛躍

船山信一は『大正哲学史』（法律文化社、昭和四〇・一一）で、大正期は「個人・自我の時代[20]」であり、「大正哲学の原理は内面的個体性であり、また理想というものがほんとうにとらえられたのも大正時代においてであろう。かくて観念論、理想主義が優越した意味で確立されたのは大正時代である。そしてその仕事をしたのは阿部次郎であると考えられる」[21]と記している。

放蕩を重ねているとはいえ、知的青年である章三郎も当時の大ベストセラーである『善の研究』（弘道館、明治四四・一）や『三太郎の日記』（東雲堂、大正三・四）くらいは読んでいたとしてもなんら不思議ではあるまい。『善の研究』はともかく、『三太郎の日記』には、「貧しき者、さびしき者の慰安は夢想である」（「夢想の家」）、「俺の心には常に創造の要求がある」（「生存の疑惑」）と記されており、創作への夢想と欲望に自己慰安を求めるという点では、章三郎と三太郎の心情はほとんど同質であるといっても過言ではない。さらに、船山信一は大正期哲学の主流としてカント、新カント学派と並んで、生命哲学の流れがベルグソンの哲学に結びつき、ベルクソン哲学の影響が西田幾多郎と高橋里美の二人の哲学者に顕著であることを明らかにしている。[22]

「異端者の悲しみ」を当時の時代思潮のなかに置いてみた場合、先に述べたように、章三郎が「時と自由意思」の論旨を忘れ去っていようとも、その意識や立場をベルグソンの『時間と自由』から照射し、検討しておくことは、このテクストを理解する上で必要不可欠な課題であろう。というのも、章三郎の妄想や連想、さらには悲しみの感情や創作意識の持続、作家デビューに至る過程などが、ベルグソンの言う「純粋持続」の概念と密接に結びついていると思われるからである。

『時間と自由』（平井啓之訳、白水社、昭和五〇・一〇）では、「純粋持続」の概念は次のように説かれている。

まったく純粋な持続とは自我が生きることに身をまかせ、現在の状態とそれに先行する諸状態とのあいだに境界を設けることを差しひかえる場合に、意識の諸状態がとる形態である。そのためには、移り行く感覚や観念の中に全面的に没入する必要はない。なぜなら、そのような場合には、反対に、自我は持続することをやめてしまうはずだからである。しかしまた先行する諸状態を忘れてしまうことも必要ではない。これらの諸状態を思い出す際に、自我はそれらを現在の状態に、ちょうど一つの点を他の点と並置するようなぐあいには並置することなく、あるメロディーの構成音をいわば一体となって融合したまま思い起こすときのように、先行する諸状態と現在の状態とを有機化すれば事足りるのである。（第二章　意識の諸状態の多数性について─持続の観念）

要するに、純粋持続とは、質的変化の継起以外のものではありえないはずであり、それらの変化は、はっきりした輪郭ももたず、お互いに対して外在化する傾向ももたず、数とのあいだにいかなる血のつながりももたずに、融合し合い、浸透し合っている。それは純粋の異質性であろう。（同）

すでに言及しておいたが、北昤吉による『時間と自由意思』の抄訳的解説書『ベルグソン哲學の解説及批判』では、前に掲げた引用箇所はそれぞれ次のように要約されている。

真の時間即ち純粋流続《ママ》は、自我が生活を進める時、我々の意識状態の継起が取る一の形式である。其は一の感覚や観念に没入して居るのでもなく、又以前の状態を忘れるのでもなくして現在と過去とが和音の調子の如く、有機的全体に作られて居るものである。

要するに、其の継起、即ち純粋流続《ママ》は精確な輪郭がなく、相互に外的関係がなく、数とは似つかぬ互に融合浸透する性質的変化、純粋の不等質で、決して空間から派出したものではない。

平井啓之の翻訳と北昤吉による抄訳的解説によれば、ベルグソンの「純粋持続」という概念は、自我が生きることに身をまかせて感覚や観念にまったく没入するのではなく、かといって過去の状態を忘却するのでもなく、空間とは無縁な時間の只中で、質的変化を伴いながら継起するひとつの意識の状態だということになるだろう。そのような意味で妥当する章三郎の意識といえば、章三郎が自己の「偉大なる天才」と「非凡なる素質」を継続的に信頼し、芸術にかける意識以外には見当たらない。この芸術にかける章三郎の意識こそが異端の本質なのである。章三郎の意識は大衆を差異化しているが、そのような意識が個人の内面形成を促すとすれば、それを教養[23]と呼ぶこともできるだろう。

章三郎のマゾヒスティックな心性も異端のひとつの要素ではあるが、彼が社会の規則や道徳に基づきながら生活している人々とはまったく別の考え方を抱き、周囲の友人たちとは異なる生き方を実践しようとしていることが異端なのであって、それはベルグソン的に言えば、「純粋の異質性」ということになるはずだ。従って、父親に対して徹底的に反抗しきれない章三郎の態度を捉えて藤田修一が、「「異端者」たらんとして「異端者」となれない「悲しみ」の面貌ではないか。それは骨肉の情の一点が、章三郎を「異端者」たらしめていることを妨げている」[24]と断定しているが、その主張は異端者のもつ意味について、何ら検討することなく、父親との関係における章三郎の態度それ自体を捉えた表層的な見方に過ぎないのである。

また、前田久徳の「「異端者の悲しみ」は、単に主人公の通俗倫理からの逸脱を描き出すのみで、彼（章三郎—引用者）の真の異端性をなにひとつ形象化しえずに終った」[25]という指摘も章三郎の芸術にかける意識を異端とは捉えてはいない。前田の言う「通俗倫理からの逸脱」にも、章三郎のほとんど反社会的ともいえる芸術意識は考慮されてはいない。さらに、「真の異端性をなにひとつ形象化しえずに終った」という主張も、「異端者の悲しみ」の結末の「彼の頭に発酵する怪しい悪夢を材料にした、甘美にして芳烈なる芸術であつた」という結末をいささかも評価していないのである。そして、河野多恵子は「ここで章三郎の想像世界を作者が敢えて〈怪しい悪夢〉という言葉を用いたのは、章三郎の異端者ぶりの作者の余計な誇張にすぎない」[26]というように消極的な読み方をしている。異端性に関する分析視点は異なるが、藤田と前田、さらに、河野の「異端者」への言及は不充分な理解であるといわざるを得ないのである。

章三郎の異端性は、あくまでも芸術家を志向する彼の意識や態度に求めなければなるまい。章三郎が抱く悲しみの感情にしても、彼の芸術への意識という視点から一応は相対化しておく必要があるだろう。彼の芸術意識は、時に抱く悲しみの感情とは明らかに異質である。たとえば、章三郎は夢の中ですら自覚的になりうるが、夢から覚めた後では、取り留めのない悲しみの感情を抱き、妹の生意気な叱言を聞いた瞬間には、その悔しさから、それまでに生じていた悲しみの感情を忘却している。父親との関係においては、いつも暗い悲しい腹立たしい感情が介在しており、友人の訃報に接しても悲しい事実として正しく受け止めてはいないのである。

このように章三郎の世俗に関わる悲しみの感情は、芸術にかける持続的意識とは異なり、正しくはベルグソン的な「純粋持続」に当て嵌まらないように思われるのである。なぜならば、章三郎が抱く悲しみの感情は現実的な室内空間のなかで生じており、さらに妹や父親といった人々（空間を占める延長をもつ実在）との関連もあって、ベルグソンのいう空間と無関係に継起する「純粋持続」や時間意識とはその質を異にするからである。

ただ、章三郎が短編小説を文壇に発表したと語られる直前のテクスト上に認められる空白こそが、章三郎の「純粋持続」の意識に基づいた短編創作過程の時間経過を表象しているのであって、そして、その箇所は明らかに章三郎の生の飛躍を示唆していると考えることができるのである。章三郎はその飛躍において、不安定な青年期から脱却し、作家として出発することで、ようやく他者との差異化を図ったのである。と同時に、章三郎は「自分の心を拘束している親と云ふものの、因縁の深さ」から蟬脱し、精神の自由を獲得することができたのである。

注1　橋本芳一郎「異端者の悲しみ」（『日本近代文学』第3集、日本近代文学会、昭和四〇・一一）。

2　田中美代子「『神童』谷崎潤一郎の明察」（『中央公論』昭和四九・八）。

3　前田久徳「「異端者の悲しみ」のモチーフ――自伝小説の意味」（『文学』岩波書店、平成二・七、のち『谷崎潤一郎　物語の生成』平成一二・三、洋々社、所収）。

4　畑中基紀「『異端者の悲しみ』論（一）――「はしがき」をめぐって――」（『繍』VOL.1 昭和六四・五、早稲田大学文学研究科　榎本・佐々木ゼミ）。なお、昭和四二年二月と昭和五六年八月刊行の各々の『谷崎潤一郎全集　第四巻』（中央公論社）では、献辞と「はしがき」は削除されているが、末尾部分は表記されている。

5　青年期の概念規定については『新版心理学事典』（平凡社、昭和五六・一一）、及び『心理学辞典』（有斐閣、平成三・一）参照。

6　前田愛「二階の下宿」（『都市空間の文学』（筑摩書房、昭和五七・一二、所収）。なお、安田孝は「谷崎潤一郎の小説・一九一六年――「神童」「異端者の悲しみ」――」（『國語と國文學』第五九巻第七号、東京大学国語国文学会、昭和五七・六、のち『谷崎潤一郎の小説』翰林書房、平成六・一〇、所収）において、前田愛の「二階の下宿」を参照し、谷崎の他の小説にも見られる主人公の二階における生活を、「窮屈なスペース」、「都市の遊民が住むのにふさわしい場所」と捉えているが、そのような視点と私が二階に着目する論拠は異なる。

7　吉見俊哉は『「声」の資本主義　電話・ラジオ・蓄音機の社会史』（講談社選書メチエ、平成七・一〇）の「第二章　声を複製する文化」において、音声を複製するテクノロジーとしての蓄音機が明治時代末期から大正時代にかけて果たした社会的役割を分析・検討している。

8　『日本音曲全集第三巻　清元全集』（日本音曲全集刊行会、昭和三・一、所収）。

9　樋口一葉「たけくらべ」（『文芸倶楽部』明治二九・四）には、「なき玉菊が燈籠の頃、つゞいて秋の新仁和賀には十分間に車の飛ぶ事、この通りのみにて七十五輌と教えしも」との、記述がある。岡保生の「たけくらべ」の背景」（『全集樋口一葉　第二巻小説編二』小学館、昭和五四・一一、所収）によれば、盆燈籠は夜桜、吉原俄と並ぶ吉原三大景物の一つであり、「この燈籠の濫觴《らんしょう》は、享保十三年（一七二八）七月に、角町《すみちょう》中万字屋の玉菊という名妓の追悼供養をして以来のことである」と記してある。江戸吉原における玉菊の存在と死後の影響力の大きさを知ることができる記述内容である。

10 市川浩『〈中間者〉の哲学　メタ・フィジックを超えて』（岩波書店、平成二・一）。

11 山本健吉「谷崎潤一郎『異端者の悲しみ』」（『文藝』昭和三一・一一）。

12 注6前掲安田論文。

13 この著作の「時間と自由意思」の部分は、北自身の抄訳に解説を加えた形式となっている。その意味では、文字通りの翻訳ではないが、ベルグソンの基本的な考え方は知ることができる。

14 福田眞人『結核の文化史』（名古屋大学出版会、平成七・二）の「第一章　殖産興業と女工哀史」によれば、大正六年当時のわが国の結核死亡者数は一二四七八七人である（同書五〇頁参照）。さらに同書には、大正八年三月二七日に「結核予防法」が公布され、その施行令が一〇月二二日に勅令として出されたと記述されている。大正初年代は結核（肺病）の流行とその予防が切実に求められていた時代であったのである。従って、お富の病は当時としては、ほとんど助かる見込みがない時代の病でもあったのだ。

15 尾高修也『青年期　谷崎潤一郎論』（小沢書店、平成一一・七）。特に「序章　なぜ青年期論か」を参照。

16 河野多惠子は『谷崎文学と肯定の欲望』（文藝春秋、昭和五一・九）の「心理的マゾヒズムと関西」において、谷崎のマゾヒズムを「相手の加虐を見据えることによって、心理的に被虐に与っている」と捉えている。この見方は、章三郎が妹お富と蓄音機の使用をめぐって言い争う場面に妥当するように思われる。

17 千葉俊二は『谷崎潤一郎　狐とマゾヒズム』（小沢書店、平成六・六）において、『マゾッホとサド』（ジル・

ドゥルーズ、蓮實重彦訳、晶文社、昭和四八・七）からマゾヒズムにおける契約概念の重要性を抽出し、谷崎の小説を考察している。

18　吉本隆明は「言葉の根源について」（『知の岸辺へ　吉本隆明講演集』弓立社、昭和五一・九、所収）において、「おそらく〈間《ま》〉と云われるものもそういう状態（沈黙の言語―引用者）をさしているのにちがいありません。これは文学作品のばあいでも、省略した書き方をしながら、しかしなにかを語りかけている状態というのがありますが、それはおそらく内的時間意識に、言語の〈時間〉性が解体し、内的意識のひろがりに、言語の〈空間〉性が解体している状態をさすのだとおもいます」と述べている。章三郎の独り言や発話が途切れてからの「……」と表記されている数箇所が吉本の言う「〈間《ま》〉」に相当している。

19　『文藝別冊　谷崎潤一郎　没後五十年、文学の奇蹟』（河出書房新社、平成二七・二、所収）。

20　船山信一『大正哲学研究』（法律文化社、昭和四〇・一一）所収の「まえがき」。

21　注20に同じ。「Ⅰ　大正ヒューマニズムの哲学――阿部次郎の哲学――」。

22　注20に同じ。「Ⅲ　大正期における生命哲学の理解」。

23　竹内洋は『教養派知識人の運命　阿部次郎とその時代』（筑摩選書、平成三〇・九）の「終章　次郎の面目」で、「教養とは自らを省みることで力を内に貯め、それにあって他日の出力を大きくするものである」と述べている。このような考え方は、いわゆる教養主義、人格主義に他ならない。

24　藤田修一「「異端者の悲しみ」小論――「異端者」たりえぬ「悲しみ」――」（『日本近代文学』第22集、日本近代文学会、昭和五〇・一〇）。

25　注3に同じ。

26　注16に同じ。

〔付記〕『ベルグソン哲學の解説及批判　第壹編　時間と自由意志　哲學入門』（北昤吉、南北社、大正三・四）を入手するに際して、山本芳明氏（学習院大学教授）の労を煩わせました。ここに誌して謝意を表します。

本文の引用は『谷崎潤一郎全集　第四巻』（中央公論社、平成二七・一一）所収の「異端者の悲しみ」に拠った。なお、初出（『中央公論』大正八年七月号）も参照した。

Ⅱ 情況への態度決定

＊古木鐵太郎の背徳小説――「吹きぶり」

はじめに

昭和文学史において、古木鐵太郎はどのように位置づけられ、また、その文学はどのように評価されてきたのであろうか。たとえば、吉田精一による編著『昭和文学史』（至文堂、昭和三四・三）や平野謙『昭和文学史』（筑摩書房、昭和三八・一二）は、古木について一切言及していない。久保田正文『昭和文学史論』（講談社、昭和六〇・一〇）の「その他の私小説作家」の項を見ても「破滅型私小説作家として葛西善蔵を源流に、牧野信一、嘉村礒多、佐々三雄、太宰治、田中英光」を挙げているだけである。「昭和文学大年表」（『昭和文学全集別巻』小学館、平成二・九、所収）にも古木鐵太郎の名前を見出すことはできない。

しかし、高見順『昭和文学盛衰史』（文藝春秋、昭和三三・三、一一）には、古木が『文學界』創刊号（昭和八・一〇）に小説を寄稿していることが記されている。その小説というのは、「其の後」のことである。内容は、「私」の先妻の子供の死を現在の妻と共に看取り、火葬後、初七日を経て、一周忌に至るまでの情況を描いたものである。この小説を、永井龍男は「作者の穏かな人格を感じる」[1]と評している。さらに、高見順は先の著作で、昭和一〇年頃の同人誌『世紀』の同人のひとりとして古木の名前を書き記している。この『世紀』の創刊号（昭和九・二）に、古木は「野方にて」という随筆を発表している。古木が東京の野方に引っ越して来て、その付近を散歩しながら、周囲の自然と接することで、幼い頃の故郷を思い出すといった内容の随筆である。古木は「ある日の散歩」（『作品』昭和八・一）や「散歩に出て馬を見るの記」（『馬事日本』昭和一八・九）といった小説も書いており、散歩を主題《テーマ》とする作家でもあった[2]。

　古木についてやや詳しく言及しているのは、川西政明『昭和文学史』（上巻、講談社、平成一三・七）である。川西は「古木鉄《ママ》太郎は貧困にまけず私小説を書いた地味な作家ながら誠実な作家でもあった」と書き記し、「子の死と別れた妻」の内容を紹介し、「人間の哀しみが惻々として胸を打つものがこの人の作柄にはある」と評価している。臼井吉見は『大正文学史』（筑摩書房、昭和三八・七）で、葛西の「椎の若葉」（大正一三・七）の口述筆記者として古木鐵太郎の名前を記している。このように、必ずしも古木は昭和文学史上に確固たる位置を占めているとは言い難い作家なのである。

　古木文学の評価については、小林秀雄は先に言及した古木の「其の後」という小説に関して否定的であったにしても[3]、「子の死と別れた妻」は宇野浩二をして「心の戸を叩く文学」[4]と言わせしめ、古木の義兄である佐藤春夫は古木を「文学の仏」と評している。佐藤によれば、古木は「原稿を見せに来たり、その発表に関して相談するやうな事[5]」がなかったという。古木は佐藤春夫の威光を借りて文壇に出ようなどと考える人ではなかったのである。

中野重治にいたっては、「『紅いノート』を私は手放すことができない。私は手放さない[6]」と述べ、古木文学への愛着を隠してはいない。このように、これまで古木文学について、肯定的、否定的さまざまな評価が与えられてきた。

しかし、現在では、古木文学はほとんど忘れ去られているといってよいだろう。すでに一九六〇（昭和三五）年の時点で、川崎長太郎は「私小説精神——ある遺作集に託して——」と題した一文に「古木鐵太郎と云つても、今日、その人の名を知つてゐる向きは、ごく僅かかも知れなかつた[7]」と書き記していた。

近年、古木鐵太郎とその文学に言及したいくつかの論稿[8]はあるが、必ずしも古木文学は継続的に読み継がれているとは言い難いのである。その文学は、主に作者古木を取り巻く家族関係を描いている。本稿では、遺稿「吹きぶり」（『素直』昭和二一・五）を中心に古木文学の特質を明らかにしたいと思う。

1　作家としての出発

最初に、古木が作家として出発する際の状況を追尋し、その経緯に大正期を代表する私小説作家葛西善蔵が関与していた事実を確認しておきたい。古木鐵太郎の文章が初めて活字になったのは、同人雑誌『雄鶏』創刊号[9]（昭和六・六）に掲載された「日光湯本《ママ》にて——都の妻へ——」という小説である。

この小説は、『古木鐵太郎全集　一巻』（古木鐵太郎全集刊行会、昭和六三・五）では小説として分類・収録されている。しかし、この小説は随筆、あるいは、日付があれば、日記と見做すことができる内容である。

　すでに、私小説の源流を平安朝の日記文学や随筆に求める見解[10]があることは周知の事実である。その意味で、古木文学はそれらの系譜に位置付けることも可能であろう。古木は自分自身が体験した事実を純朴に描いているといってよいだろう。『古木鐵太郎全集　別巻』（古木鐵太郎全集刊行会、平成四・一〇）所収の「作品初出年表」によれば、古木はこの小説を大正一三年九月に執筆している。葛西が「湖畔手記」を執筆した大正一三年九月上旬から一〇月にかけての時期とほぼ一致する。というのも、この小説は古木が葛西に促されて書くことになったからである。古木はこの小説で次のように書いている。

　昨日、Kさん（葛西―引用者）の小説の題がきまり、「日光湯本《ママ》にて。《ママ》――田舎の妻へ――」といふのだ。そしてKさんは僕にも一つ書いてみたらどうかと云はれるので、それでは書いてみませうかなといふことになり、題はKさんが（田舎の妻へ）だから僕は（都の妻へ）としたらといふことになつたのだ。何だか滑稽で面白いので、二人お腹をかゝへて笑つたのだ。

　古木の物書きとしての出発に葛西が関与している様子が窺える興味深い内容である。葛西と古木が、それぞれの女性に対する想いを主題《テーマ》にしてものを書こうとしていたことは、二人の当時の生活の実情を反映していると見てよいであろう。葛西が父親の三回忌に浅見ハナ（葛西の小説では「おせい」）を同行して帰郷するのが大正一三年七月である。九月には、葛西は単身、日光湯元温泉に投宿している。そこで、「日光湯本《ママ》にて。《ママ》――田舎の妻へ――」を書き上げ、この小説が改題されて『湖畔手記』として『改造』（大正一三・一一）に掲載されるのである。

一方、古木は同年六月に葛西の「椎の若葉」の口述筆記を担当し、七月には長男を得て、九月に葛西の宿を訪問。そこで同宿し、一〇月にのふと入籍している。従って、古木が先の小説を書いていた頃は、厳密にいえば、のふとは同棲中であって、まだ正式な妻ではなかったということになる。問題は、彼らがこれから書こうとする小説でそれぞれの女性関係を描こうと語り合っていることである。

周知の如く、葛西の場合は、正妻以外に浅見ハナと同棲し、後に二人の子どもを持つことになる。古木の場合は、妻の不貞と離婚の経緯や再婚した相手の独身時代の過失を描くことになる。伊藤整は「通俗的にいえば、明治、大正の時代に作家の妻となったものは、貧乏とダンナの浮気に耐えるばかりでなく、ダンナの書く小説の中に恥ずかしい役割を引き受けて出演してやるという、もっとも非人間的な仕事まで受け持たねばならなかった。私小説の多くは、妻たちの恐るべき犠牲の上に成立したものであった[11]」と指摘している。「何だか滑稽で面白」がっていたのは「ダンナ」たちだけだったのだ。その一方で、伊藤整は「しかもダンナたちの仕事は、自己の真実を告白することによって、不合理な社会観念に抵抗し、人間性の伸展に資するところがあったという点で評価されているのである[12]」と述べている。

時代と社会の変化に伴い、私小説を描く女性作家も登場するので、私小説一般が「ダンナ」の文学とは言い切れないが、確かに、大正期を代表する私小説作家葛西善蔵と昭和時代の私小説作家古木の文学は伊藤整の評言に当て嵌まるといえるだろう。
「湖畔手記」については、すでに詳細に分析・検討した(13)ので、ここではこの小説のもうひとつの隠された主題《テーマ》を指摘しておきたい。それは「自分」が日光湯元を再訪した意図にあるといってよいだろう。その意図とは、かつて、日光を訪れた際に、日も暮れ、大雨に遭っていたところを一五、六歳の少年に助けられ、木挽小屋で泊めて貰ったことがその主題《テーマ》と関係しているように思われるのである。重要なのは、小屋でその少年と兄と彼らの父の三人が暮らしているのであるが、そこで一夜を明かしたことを、今なお、「自分」が記憶に留めていることである。「湖畔手記」から問題の箇所を引用する。

それからざつと二十年、忘れ得ぬ懐かしい旅の思ひ出であつた。その一夜を思ふ時、自分の荒み切つた胸にも、人生と云ふ母のふところに温ためられた少年の日が、還つて来る気がする。自分は今度もまた、雨の中を、夕方四人の田舎婆さんと乗り合せ、ガタ馬車に揺られながらその原を通つて来たのだ。方角はたしかさうらしいが、ずつと道に近く、二棟ばかりの小屋が立つてゐた。滞在中に一度それとなく、訪ねて見よう。

葛西の自然描写の根底には母なるものが潜在していることは、葛西の初期小説「悪魔」について考察した際に指摘[14]しておいたが、ここにおいても、「人生と云ふ母のふところに温ためられた少年の日が、還つて来る気がする」という表現に「母」が登場することに注目しておきたい。「母」への言及は、「自分」が若き日に日光を訪れたことがあったという理由だけでなく、当地で偶然、出遭った父子たちと木挽小屋で一夜を過ごした体験に、母のもとで過ごした過去の「自分」の記憶が重なり、「自分」に限りなく近い作者葛西がそれなりに人生を歩んで来たことで、人生を母に喩えるまでになっているのである。

つまり、葛西にとって、日光への旅の記憶が母の記憶を顕在化させたのである。亡き母の記憶を召喚すること。これも「湖畔手記」のひとつの主題《テーマ》であるだろう。一方、自然に父なるものを透視しているは古木鐵太郎である。「日光湯本にて《ママ》——都の妻へ——」から引用する。

秋草の匂が絶えず道の両側から襲つて来て、何とも云へない懐しさだ。ふと僕は郷里の秋を思ひ出した。よく父につれられて、墓にあげる野花をとりに行つたものだ。野原の中で父が遠く離れると、僕は淋しくなつて「お父つつあーん」と声を限りに呼んだものだ。すると遠くの方で「ほーい」といふ声が聞える。沢山の野花を抱へた父が叢の間から現れて来る。——その父ももう死んで、今では僕の口から「お父さん」と呼ぶべき人はないのだと思ふと僕は変に淋しい気がして来た。

「僕」は亡き父親への想いを直截に述べている。「僕は淋しくなつて」「僕は変に淋しい気がして来た」と書かれているように、「淋しい」という感情の表出は、志賀直哉の小説における主人公の気分や感情を明示する簡潔な文体の影響を感じ取ることができる表現である。この「僕」は古木と等身大の人物に他ならないが、志賀直哉「暗夜行路」の「序詞（主人公の追憶）」の中の「これからの生涯にも度々起るだらうと云ふ漠然とした予感が、私の気持ちを淋しくした。それにつけても私は二ヶ月前《まへ》に死んだ母を憶ひ、悲しい気持ちになつた」という表現を考え合わせれば、古木と志賀、この二人の作家の表現方法の類似性は明らかであろう。

古木は「I　現代作家印象記　志賀直哉[15]」で、『改造』の編集者として志賀直哉の「暗夜行路」の原稿の催促や受け取り、そして、「校正刷り」を手渡すために千葉県我孫子の志賀宅に月に一、二回訪問したことを明らかにしている。古木は我孫子からの「帰りの汽車のなかでその「暗夜行路」の原稿を読むのが楽しみだった」と書き記している。編集者古木は「暗夜行路」の最初の読者であったのだ。

古木は「暗夜行路」のすべての原稿を受け取ったわけではないが、少なくとも、志賀が「暗夜行路」を書き始めた当初、その原稿を受け取り、「校正刷り」を志賀に手渡していたのは古木その人に他ならなかったのである。おそらく、古木は志賀直哉の原稿を車中で読み返すことで、自分自身の創作のために志賀の文体を学んだに違いない。先に言及したように、志賀の古木の文体への影響は「日光湯本《ママ》にて――都の妻へ――」にも明らかである。

古木が日光湯元に宿泊する前年、大正一二（一九二三）年八月に父高が亡くなっているという事情が、おそらく、この小説に部分的に反映しているのであろうが、葛西が自然や人生を母親という存在に喩えているのとは異なり、古木の場合は、日光という自然に対する認識が故郷の風景や父親の存在を想起する構図になっている。思えば、彼らの主な経済的基盤は創作による収入ではなかった。葛西には、義父平野彌亮に宛てた金銭を借用したい旨の書簡[16]と義父から金銭を恵与してもらった御礼の書簡[17]が残されている。これらの資料から葛西は妻の実家から度重なる経済的支援を受けていたことが分かるのである。さらに、葛西は生活や執筆に行き詰まれば、時々、帰郷さえしているのであって、葛西は故郷とまったく断絶し、作家として経済的に自立して東京で生活していたわけではなかったのである。

古木の場合は昭和二年に改造社を辞めてからは、父親の銀行預金や遺産として残された故郷の山林田畑を売却した金銭を生活費に充当していたのだった。最終的に、古木は義母の生活に必要な土地以外のすべてを売却するが、その間の事情や様子は「父の夢」（『世紀』昭和九・六）に描かれている。日本の北の青森と南の鹿児島からそれぞれ上京し、東京で作家となった彼らの小説で描かれる自然描写の背景には捨てようにも捨てきれない故郷が存在していたのである。先に引用した伊藤整が言う「貧乏」とは、売れない作家たちが原稿料だけで生活することができずに、親、兄弟、友人たちからの経済的支援や借金によってかろうじて自らの生活と創作活動を支えていた状態を含意しているのである。

2　私小説という倫理

葛西の小説はデビュー作「哀しき父」（『奇蹟』大正元・九）以来、葛西自身とその身辺の人間関係を描いていたにしても、小説によっては虚構《フィクション》を効果的に取り込みながら、主人公を敢えて窮地に追い込むことで、悲喜劇的な人間模様を描き出していた。しかし、古木が描く小説には葛西のような方法を認めることは極めて困難である。その小説には過剰な虚構《フィクション》をほとんど認めることはできない。たとえば、古木がその人生の変更を余儀なくされた直接的原因が「吹きぶり」に描かれていると思われるが、その主人公の行動は情況から腰が引くような描写となっており、葛西のように主人公を敢えて窮地に追い込むような描き方はしていない。「吹きぶり」から問題の箇所を引用し、考察を進めよう。

私は一寸戸外を散歩して来ようと思ひ、階下に下りて来ると、明子はもう義母の家へ行つてゐたが、玄関を下りようとして、ふと、傘がたしか義母の家の方へいつてゐたことを思ひ出すと、玄関傍の道路から裏へ廻つて、義母の家の台所口をがらつと開けた。すると、その時私はすぐそこの茶の間で急に誰かあわてながら立ち上つた気配を感じて、はつとした。そして、思はず一歩入りかけた足を引つ込めて立ち止まつた。その時私は、障子の硝子越しに、五島が落着かぬ様子で茶の間の襖に坐つた背中をもたせ、投げ出した両膝を両手で抱へこんで上向いてゐるのを見逃さなかつた。

「私」が「障子の硝子越し」に見た様子は、妻明子が義母の家に下宿していた学生五島と不義の関係を立証する決定的な場面である。にも拘らず、小説にはこれ以上に踏み込んだ描写はない。男女の修羅場になる可能性がある場面を古木の筆致は明らかに抑制しており、妻明子の不義が暴露される情況を回避的に描いているのである。そして、先の引用箇所に続いて、「私」が取る行動といえば、「傘を――」と妻明子に怒鳴り、彼女が傘を持って来るのも待たずに戸外に飛び出すことだけなのである。その後しばらくして、自宅に戻った「私」は次のような考えに行き着く。

私にはさつき見た茶の間のある場面がしきりに頭にこびりつき、それが不思議な力で私の肉情を刺戟して来た。私には明子の体が急に汚くなつたやうに思はれて来た。私は幾度も床の上に起き上つたり、またごろりと寝ころんだりした。そして、両の握拳に一杯の力をこめながら、もう、どんなことがあつても、あいつとは別れるぞ、この決心をまげるものか、と何物かに誓ふやうに、口の中でそれを繰返した。

主人公の「私」が「さつき見た茶の間のある場面」とは、「五島が落着かぬ様子で茶の間の襖に坐つた背中をもたせ、投げ出した両膝を両手で抱へこんで上向いてゐる」場面に他ならない。その「場面がしきりに頭にこびりつき、それが不思議な力で私の肉情を刺戟して来た」と「私」は語っているのである。実際はともかく、「私」が決定的な「場面」を見過ごした結果、その場面が語られることはなく、その「場面」から想像可能な情況が「私」の心理を「刺戟」したということに尽きている。「吹きぶり」を理解する上で、主人公が見る行為こそ、小説展開上、ひとつの重要な要素になっているのである。そのことは次の場面からも明らかである。

私は間もなく病院に着き、出入口に近い明子の病室の前まで来ると、その時私は部屋の中で急に誰かあわてゝ縁側へ出て行つたやうな気配を感じたので、ひどく疑ひぶかくなつてゐた私は、すぐに傍の廊下から急いで縁側へ廻つて行つた。すると案の定そこに五島が、縁側の角の柱にもたれ、向ふむきに立つてうつむいてゐるのを見た。

引用したのは数か月前に妻明子が流産し、その経過が思わしくなく、手術をしなければならなくなり、入院するのであるが、その病室を「私」が訪問した場面である。先に義母の家における「私」の振る舞いを引用しておいたが、これら二つの場面を比較・検討すれば、「私」が「急に」「誰か」の「あわて」る「気配」を感じ、その「誰か」が五島であることが判明するといった構図はまったく同じである。「落ち着かぬ様子で茶の間の襖に坐つた背中をもたせ、投げ出した両膝を両手で抱へこんで上向いてゐる」五島は、今回は「縁側の角の柱にもたれ、向ふむきに立つてうつむいてゐる」のである。「私」が「案の定」と推測したのは、義母の家で五島の不自然な姿を発見したことが記憶に残り、五島の存在を予想したからであろう。義母の家で、「私」の眼差しは確実に五島を捕捉しているが、「私」と五島が視線を交わすことはない。「私」は明子や五島と直接話し合うこともなければ、実際の事情を二人に詰問し、事の次第を明らかにするわけでもないのだ。

小説は、この後、「私」が明子と別れる決意を固めるだけで終っている。その意味で、渋川驍が「問題の重要性のわりには、彼（古木—引用者）の叙述はそれほど詳しくその事件を説き明かしてはいない。もう一押し叙述を展開すれば、もつ《ママ》と効果が上がつ《ママ》たと思われるが、それがある程度押えられたので、悲劇性は弱められている」[18]と指摘している。正しい見解である。つまり、渋川は「私」の情況に対する態度決定が甘く描かれていることを批判しているのである。仮に、情況への態度決定を〈倫理〉と呼ぶならば、「私」の〈倫理〉は個の内面に沈潜することに特徴があるといえるだろう。「私」の〈倫理〉は抑制された感情の問題として捉えられていると言い換えてもよい。そのことを「私」が五島と直接、会話を交わし、五島に話しかけている場面から考えてみよう。

「しかし、そんなら何故、あなたは僕が来た時、すぐにかくれようとしたんですか。僕はあなたが普通の気持ちで見舞に来てくれたのなら、本当に嬉しいですよ。しかし、僕にはどうも、それが普通の感じに受取れないのです。僕はそれがとても不愉快なのです」と云つた。

このように、「私」は五島に語りかけているが、その語りは決して激高することなく、志賀直哉の文体を想起させる「不愉快」という感情を発話するだけで終わっている。確認しておくべきは、「私」の見る行為とその結果、表出する「不愉快」の感情は密接に関係しているということである。それだけではない。「私」が手紙を読む行為もまた「私」の気分を表出させる重要な契機になっている。たとえば、次に引用する場面などはその一例である。

その翌日、私は、勤先で明子からの手紙を受取つた。（中略）それには、彼女はもうこんなになつた自身の気持をどうすることも出来ないこと、そのことを何と云つて私に詫びたらいゝか分らないこと、何よりも弘のことを考へるとつらい気持になること、しかし、弘は長男だから当然私が引取ることになるのだらうと思つてゐる、といふやうなことなどが書かれてあつた。私はその手紙を読むと、明子がよくまた子供とも別れる決心がついたものだと思つた。（中略）そして私は何とも云へない淋しい気持になつた。

「私」の見る行為、読む行為が「私」の感情を揺さぶっているのである。さらに付言しておくべきは、見る行為のみならず、「見えるような気がし」た時にも「淋しい」感情が表出していることである。別の場面を引用し、「私」の感情表現をさらに追究しよう。

少時すると婦人は、近所の家政女学校に今日は活花を教へに行く日なので、一寸行つてくるから、その間留守居をしてくれるやうにと云ふので、私はそれを引受けることにし、彼女は雨の中を出かけて行つた。すると雨はだん〳〵強くなり、急に風も出て来て、俄に戸外は暴風雨になつてしまつた。（中略）縁側に立つて、硝子戸越しに庭の野菜畑を見てゐると、棚にからんだ蔓の野菜が風にちぎれさうに横へ吹きなぶられてゐる。私はぢつと少時それを見てゐたり、また家の中をあちこちと歩き廻つたりした。そして、今頃明子はどうしてゐるだらうかと思つた。やはりこの嵐で、雨戸を閉めきつたあの家の中に明子と弘とがどうしてゐるだらうかと思ふと、私には二人のその様子が見えるやうな気がして、何とも云へない淋しい気持になつて来るのだつた。

「私」の「何とも云へない淋しい気持」という感情表現は、「私」の想像力が強いる感情の揺れに他ならない。しかも、「嵐」に見舞われ、「家の中」から庭先を「見てゐる」「私」は、「風にちぎれさうに横へ吹きなぶられてゐる」「棚にからんだ蔓の野菜」に擬えられている。妻の不義、それが原因での離婚話、さらに、近い将来、確実となるであろう子どもとの別れ、そういった現実が「私」の心を痛めずにはおかないのである。小説のタイトル「吹きぶり」は、主人公の「私」が置かれたそれなりに過酷な現実を表象していることは明らかだ。内部の「家の中」と外部の「庭」の境界としての「縁側」で庭先を見つめている「私」の不安定な位置もきわめて象徴的である。もはや、「私」は室内で平穏に生活ができる情況ではなくなっているのである。「吹きぶり」の象徴性に関して、改造社で一時、古木と同僚であった瀧井孝作は次のように言及している。(19)

内容は、前の細君との別れ話の経緯だが、巧みな面白い小説の方ではないが、真摯な気持に打たれて、読後シーンと頭にのこる深い味はひがあつて、佳作だと思つた。（中略）この小説の題は、

「吹きぶり」といふ自然現象だが、離縁話の小説のテーマとは別のやうで、しかし何か感じはある。終りの場面に、暴風雨にあふところがあるが、別れ話の頃の日常生活の一と《ママ》コマの描写だが、簡潔な筆にも気持がよく出てゐる。文章が透徹して、古木君の心境の深まりがよく分つて、これは見事な小説だと思つた。

小説のタイトル「吹きぶり」は「離縁話の小説のテーマとは別のやうで、しかし何か感じはある」という瀧井の「何か感じはある」という評言は、「何か」どころか、先にも記したように、離婚せざるを得なくなった「私」の切羽詰まった情況の暗喩に他ならない。瀧井と同様、私小説作家の川崎長太郎は古木の小説を「無垢《むく》と云へばこの上なし無垢で、素直な純一な貧乏小説であった[20]」と評している。川崎の言う「素直な純一」とは、極力、虚構《フィクション》を排し、あくまでも事実に即した表現を意味しているのであろう。おそらく、私小説作家瀧井孝作と川崎長太郎は、古木文学の基本的性格を作者と語り手と主人公をイコールと考えているのである。

3　作者・語り手・主人公

瀧井や川崎が考える一般的ともいえる私小説概念を共有しつつ、吉本隆明が次のように指摘していることにも注意を払っておきたい。

私小説というものは様々な定義の仕方があるわけですが、（中略）そこでは作者と語り手と登場人物とが少なくともイコールであるということです。イコールであるということは、作者が語り手にとってイコールであり、登場人物もまたイコールであるというふうに少なくともおもわせようというフィクションを構えていることです。これが私小説にとって本質的な性格だということがわかります。[21]

少なくとも、作者の体験と語り手の体験とが本当はイコールでない場合にもイコールである。つまり、語り手の体験は少なくとも作者の体験だというふうに思わせる文体の中でしか私小説は成り立っていないということです。[22]

吉本の主張の特徴は、「私小説」を作者と語り手と登場人物（主人公）をイコールと捉えながら、「イコールであるというふうに少なくともおもわせようというフィクションを構えている」ということ、そして、「語り手の体験は少なくとも作者の体験だというふうに思わせる文体の中でしか私小説は成り立っていないということ」、この二点である。もちろん、その前提としてそのようなレトリックを受容する読者が存在しなければならないが、吉本が「私小説」の内容を作者の実体験に還元せず、あくまでも「私小説」を虚構《フィクション》として、そして、虚構《フィクション》を支える「文体」の問題として捉えていることに注意を払っておきたいと思うのである。さらに、吉本は「私小説」の「私」に関して、次のように把握している。

私小説でいう私というのは、いつでも事物と対立し生活環境と対立し、個々を確立しているという私ではなく、いつでも、経験の中に、あるいは日常の事物の中に、ちゃんとその事件の中に溶け込んでしまっている限りの私ということです。いわば私が退化していく、退場していくといいましょうか、私が退化していく過程の中にあるのが私小説だという見方もできないことはないわけです。(23)

政治・社会化した私小説ともいうべきプロレタリア文学は階級的視点に立って、「個々を確立し」「生活環境と対立」することによって資本主義的現実を根源的に批判することが最大の特徴であろう。従って、吉本の見解は、プロレタリア文学の分析・検討に適用できるとは到底思えないが、少なくとも、古木文学について検討する場合、有効な考え方ではあるだろう。「吹きぶり」の「私」の感情表現の特異性は、「私」が妻や五島に対して激昂したり、憎悪の感情を抱くことなく、「淋しい気持」といったレベルで自分自身の感情を制御していることであった。そのような「私」は、吉本のいう「事件の中に溶け込んでしまっている限りの私」といえるのではあるまいか。つまり、他者と対立し、激しく言い争うのではなく、自ら情況から身を引く「私」、吉本の比喩的表現でいえば、「退場していく」「私」といえなくもないのである。それが「吹きぶり」の主人公「私」の情況の引き受け方、つまり〈倫理〉であった。要するに、この小説の「私」は妻の不義という「事件の中に溶け込んでしまっている」ように造型されているのであって、作者古木はそれに見合った文体を構築しているのである。

ところで、古木の身近にいた上林暁は、『紅いノート』（校倉書房、昭和三四・一二）の批評として、「古木氏は無類の人柄であつた。穏やかで、つつましく、素直で、思ひやりがあつて、邪気といふものをまるで持たぬ人だつた。その古木氏の人柄は、収録された作品全部に反映している《ママ》[24]」と指摘し、古木の人物像を伝えている。

古木は生きて行く上での哀しみや痛苦を全身で引き受けながら、個人的な体験を淡々と表現することによって自分自身の置かれた現実を相対化した作家であるが、古木が、葛西のように小説に虚構《フィクション》を導入することを必要としなかったとすれば、それは上林が指摘したように、古木の人柄や性格の問題ではなく、あくまでも古木の文体の問題として理解すべきであろう。

「吹きぶり」を私小説として読むとしても、この小説に事実そのものが描かれているわけではあるまい。小説である以上、事実を変形していることは確実である。先に、情況への態度決定を〈倫理〉と捉えたように、古木文学が純朴、平易な文体で構築されていることで、主人公もまた穏やかで、素直な〈倫理〉的人物として見做すことができるのである。

古木は自らの離婚の理由を「吹きぶり」以外にも、「子の死と別れた妻」（『麒麟』昭和八・四）で書き、再婚の経緯を「葉桜」（『作品』昭和七・四）や「野花」（『不同調』昭和二三・七）で表現し、さらに、再婚した相手の独身時代の過失を「松風」（『文芸日本』昭和一六・一二）に描いている。古木は自分自身の家族に纏わる事情を小説化していたのである。それらは古木文学の基調である家族史小説の一角を形成しているといってよいだろう。

従って、古木文学は家族を主題《テーマ》にした葛西の小説と似ていなくもないが、すでに言及したように、葛西と古木の女性との関わり方がまったく非対称であったように、小説の手法も効果的に虚構《フィクション》を導入する葛西文学と虚構《フィクション》を抑制する古木文学は非対称である。葛西と浅見ハナとの男女関係の成立と、古木にとっての最初の妻の不義や再婚した女性の結婚以前の過失を同列に置くわけにはいかないが、葛西の浅見ハナとの生活と古木の最初の妻の不義は、背徳行為という意味では共通している。

葛西と古木、彼ら二人の作家はそれぞれ愛と背徳の問題を抱えながら、個人的な体験を小説として表現している。彼らの心境は人としては相当の痛苦であり、懊悩せざるを得ない情況であったと想像されるが、自己体験を開示する私小説作家の文学的実践という観点からすれば、彼らの男女問題は、格好の小説の素材を自らに提供していたという見方も成り立つはずである。

おわりに

すでに、これまでの論述で明らかにしたように、私小説を書くという行為の背景には、言語によって徹底的に自己体験を表現することを目的とする場合もあれば、言語で表現しようにもし得ない体験も存在するはずである。要するに、自己体験と文学表現の距離を作者がどのように捉え、小説形式に転化するのかという問題に帰着するのである。いわば、作者がどの程度まで自己体験を描くのか、描かないのか、あるいは、描けないのか、虚構《フィクション》をどの程度組み込むのか、組み込まないのか、といった作者の創作意識のさまざまなレベルでの葛藤と煩悶の只中で、表現する内容と文体が選択され、決定されるのであろう。

なるほど、葛西のように自己体験を表現する際に一部虚構《フィクション》を混え、敢えて主人公を悲喜劇的に描いて、窮地に追い込むのは、私小説のひとつの表現方法であろう。その一方で、古木のこの「吹きぶり」のように、やり場のない怒りや遣る瀬ない気持を極力抑制し、情況に耐えていく主人公の姿を描くことも、やはり私小説のひとつの表現方法なのである。そこに共通するのは、共に作者にしか感得できない現実から距離を取っていることである。そして、その距離感それ自体が虚構《フィクション》としての私小説を支えているのである。しかし、そのような作者の実情を知る由もない我々読者は、私小説言語を読むことによって、作者の日常生活と思しき虚実の劇《ドラマ》の一端を窺い知ることになるのである。

注1　永井龍男「「其の後」評」（『時事新報』昭和八・九、〈作品月評〉、『古木鐵太郎全集　別巻』『古木鐵太郎全集』刊行会、平成四・一〇、所収。以下『別巻』と略す）。

2　葛西善蔵は「創作楽屋ばなし」（『文章倶楽部』大正一三・一〇）で、「往来の人の顔を見たり、こつちの顔を見られたり、埃りを浴びたり、電車、自転車、自動車なんかに脅されてまでも散歩するやうな興味は、僕にはない」と述べている。「散歩好き」（『菊を焚く』『木靴』昭和一〇・一二）の古木とは対照的である。

3　小林秀雄は「古木鐵太郎氏の「其の後」」（『東京日日新聞』昭和八・一〇・二〈作品評〉、『別巻』）において、宇野浩二が、古木の「子の死と別れた妻」の作品を「心の戸を叩く文学」と評価したことに対して、「この作品は、勿論「鬼面人を脅かす」ていの作品よりどれほどいゝか知れないが読んで「心の戸を叩い」てくれた作品とはいひ兼ねる気持ちであつた」と記している。

4　宇野浩二「「心打つ文学」より」（『文芸首都』昭和八・五、『別巻』）。

5　佐藤春夫は「追悼・文学の仏古木鐵太郎」（『文芸首都』昭和二九・九、『別巻』）で、古木とは「淡々たる君子の交をつづけてゐた」と記している。

6　中野重治「古本の作法」（昭和四〇・八・二、『週刊読書人』〈本とつきあう法（六）〉、『別巻』）。

7　川崎長太郎「私小説精神――ある遺作集に託して――」（『群像』昭和三五・二）。

8　鈴木地蔵に「古木鐵太郎の矜持――柔らかな精神――」（『市井作家列伝』右文書院、平成一七・五、所収）、「古木鐵太郎の風格」（『季刊文科33』鳥影社、平成一八・一、所収）、「心境の鍛錬としての文学――古木鐵太郎の生涯――」『文士の行蔵』（右文書院、平成二〇・七、所収）がある。他に、「対談　こきかほる×大河内昭爾　私小説作家とその家族――古木鐵太郎「紅いノート」をめぐって」（『季刊文科32』鳥影社、平成一七・九、所収）がある。

9　村上護は、同人誌『雄鶏』について、小田嶽夫が『新潟日報』（昭和五一・七・一二）に寄せた一文を引用し、『雄鶏』は小田を含めて蔵原伸二郎、田畑修一郎、緒方隆士の四人で出発したことを紹介している。さらに、村上は、その同人誌にその後参加したメンバーとして川崎長太郎、古木鐵太郎、寺崎浩、中谷孝雄など一一名の作家や評論家たちの氏名を挙げている。『阿佐ヶ谷文士村』（春陽堂書店、平成五・一二）参照。

10　『私小説研究』第2号（法政大学大学院私小説研究会、平成一三・四）は「私小説の源流」という特集を組んで研究者にアンケート調査を行った結果を報告している。「「私小説」の起源・源流」を保昌正夫は「つれづれ《ママ》草」にあるとの回答を寄せている。また、同誌に勝又浩が寄せた論稿に「物語の夢さめて

――物語、日記、私小説」がある。勝又は、その論稿で我が国の日記文学と私小説の類縁性を論じている。なお、勝又は『私小説千年史 日記文学から近代文学まで』（勉誠出版、平成二七・一）において、私小説の表現手法が長い歴史性をもつことを明らかにしている。瀬戸内寂聴は「純文学の私小説の元祖」は『蜻蛉日記』であると述べている。（「あとがき」『わたしの蜻蛉日記』集英社、平成一一・一一、所収）。

11　「私小説とモデル」（『毎日新聞』昭和三七・一・八、のち『伊藤整全集　第十八巻』新潮社、昭和四八・一一、所収）。

12　注11に同じ。

13　伊藤博『貧困の逆説――葛西善蔵の文学――』の「第三章第二節　書くことを巡る小説――「湖畔手記」」（晃洋書房、平成二三・九）。

14　注13に同じ。「第一章第二節　孤独な男の詩――「悪魔」「池の女」「メケ鳥」」。

15　古木鐵太郎『大正の作家』（桜楓社、昭和四二・三、所収）。

16　大正元年一〇月二四日付けの平野宛の書間に「此度は「参拾五圓」丈後送與を願ふ訳には参りますまいでせうか。毎月此通りことばかり申し何とも恐縮の至りで御座いますが、何卒あしからず御諒恕の程切に御願ひ申します」とあり、大正六年三月一一日付けの書簡には「何とか貮拾円《ママ》だけ貴下の御尽力御配慮を願はれますまいか」とある。『葛西善蔵全集　第三巻』（津軽書房、昭和五〇・六、所収）。

17　明治四二年一二月二八日付けの平野宛の書簡に「御手紙拝誦仕り御恵送の金二十五圓也難有拝掌仕り候」とあり、明治四三年二月一日付けの書簡に「御手紙難有拝御恵送の金二十五圓正に拝受仕候」とある。（前掲書、所収）。

18　渋川驍「解説」『古木鐵太郎全集　三巻』（古木鐵太郎全集刊行会、昭和六三・五、所収）。

19　瀧井孝作「原稿を読む（二）」（『素直』第二集、昭和二一・五、『別巻』）。

20　注7に同じ。

21　吉本隆明「物語の現象論」（『吉本隆明〈未収録〉講演集〈11〉芸術表現論』筑摩書房、平成二七・一〇、所収）。

22　吉本隆明「現代文学の条件」(『吉本隆明〈未収録〉講演集〈12〉芸術言語論』筑摩書房、平成二七・一一、所収)。
23　注22に同じ。
24　上林暁「紅いノート」(『週刊読書人』昭和三五・二・二一、『別巻』)。

〔付記〕　本文の引用は『古木鐵太郎全集　二巻』(古木鐵太郎全集刊行会、昭和六二・五)所収の「吹きぶり」に拠った。

Ⅲ　虚無を生きる時代

＊堀田善衞と日野啓三――「広場の孤独」「向う側」

はじめに

アジア・太平洋戦争を終結させるために、一九五一（昭和二六）年九月八日、サンフランシスコで日本が連合諸国との間で調印した講和条約は、翌一九五二（昭和二七）年四月二八日に発効して日本の独立は回復された。しかし、当時、アメリカ主導のこの条約に反対したソ連、ポーランド、チェコスロヴァキアの三国は調印を拒否し、インド、ビルマ、ユーゴスラビアの三ヵ国もアメリカの条約案に反対して会議そのものに参加しなかった。また、アメリカは当初から中国（北京政府）を除外した。つまり、サンフランシスコ講話条約は全面講和ではなく、アメリカとその同盟国だけによる単独講話（多数講和）条約であった。[1]

「広場の孤独」（『中央公論文芸特集』一九五一年九月号）はまさにこの時期に発表されたテクストである。

テクストには、「『全面講和は期待薄。軍事基地反対論は理想論』」と書かれた新聞記事を「木垣が足の下にふみつけていた」（傍点―引用者、以下同じ）という語り手による描写がある。「広場の孤独」の主人公、木垣幸二のこの行為に単独講話（多数講和）を拒否し、日本がアメリカによって軍事基地化されることに反対する政治的無意識を認めることができるのかも知れない。

さらに、「広場の孤独」から当時の日本共産党党員が置かれていた社会的立場を読み取ることも可能である。S新聞社に勤務する御国が外信部から資料部へ、さらに渉外部へと部署の変更を余儀なくされるのも、彼が日本共産党党員であったからに他ならない。また、工務局輪転機係りの立川も御国と同じく日本共産党党員であるがゆえに、彼もまた、レッドパージの対象とされたのだった。そのようなレッドパージ問題とは別に、一九五〇（昭和二五）年当時、日本共産党はコミンフォルムの機関紙に掲載された「日本の情勢」という論文に対する応援をめぐって、宮本顕治たちの国際派と徳田球一たちの所感派に分裂していた。にも拘らず、御国や立川がどちらの派を理論的、あるいは心情的に支持していたのか、といった問題はこのテクストにはまったく描かれていない。つまり、このテクストは、あくまでもレッドパージ問題をひとつの基軸として描かれているのである。

テクストには、当時の政治的問題だけではなく、経済的問題も鋭く反映している。テクストには、木垣が関係したS新聞社の経済的危機を救うために導入される資本がS電工事件関係者から出たとの噂があると書かれており、その時、資本導入に反対して辞職するのがカトリックの青年であった。時期的にいって、このS電工事件とは、復興金融公庫からの融資を得るために、昭和電工の社長らが行った政府高官や政府金融機関幹部に対する贈収賄事件、つまり昭和電工疑獄事件（一九四八年）をモデルにしている。

　このように、「広場の孤独」の登場人物たちは、それぞれ極めて強い政治・経済問題を反映した人物として造型されているのである。彼らの生き方が、時代や社会の趨勢と密接不可分な関係にあったことは、S新聞社の原口や木垣の動向を見れば、より一層明らかである。原口が社会部から政治部を経て渉外部副部長へと役職が移動し、「警察保安隊」に入ろうとするのも、原口のいう「個人的な責任の、その、うまくない仕事に飽きて来た」のがその理由であるにしても、そのことは、一九五〇（昭和二五）年八月一〇日、警察予備隊令によって設置された警察予備隊の成立を抜きにして考えることはできない。なぜなら「警察保安隊」は一九五二（昭和二七）年に警察予備隊を改編・発足した保安隊を想起させるからである。

　木垣にしても、一九五〇（昭和二五）年六月二五日、朝鮮戦争の勃発によって戦況発表を行う新聞社の渉外部が多忙になり、人手が必要となったので新聞社に臨時雇いとして採用されたのだった。当然のことではあるが、臨時雇いとはいえ、木垣が働く新聞社も資本主義社会を構成する一組織であるがゆえに、彼の存在は資本主義の経済原則にしっかりと制約されている。そこで、木垣や他の登場人物たちと彼らが関わる組織とがどのような関係にあるのか、この問題から検討してみたいと思う。

1　経済原理と個人の自由

伊藤整は「組織と人間」（『改造』一九五三・一二）において、「今日の社会で、もつとも自由で良心的である筈のジャーナリズム関係の中に、自由というべきものがいくばくも存在しない」と述べ、さらに、「自由主義の文士もコンミュニズム系の文士も、ジャーナリズムの組織の中に歯車の一つとして、はめ込まれているのであつて、革命思想革命行為そのものですら、このジャーナリズムの中では商品価値、宣伝価値としてしか存在していない」と述べていた。つまり、伊藤整は現代資本主義社会の経済原理からすれば、ヒト・モノ・コトが商品化されるのが必然であって、その原理から抜け出し、人間が自由を獲得することが極めて困難であるということを主張していたのである。

伊藤整は〈疎外〉という用語こそ使用していないが、現在から見れば、おそらく、その見解の背後には、資本主義社会における人間の労働力商品化を批判する疎外論といった考え方が控えているといってよいであろう。ちなみにわが国において、マルクスの『経済学・哲学草稿』（一九三二年初公刊）を参照し、現実社会に対す批判の論理として人間疎外論が盛んに議論されたのは、清水正徳『人間疎外論』（紀伊国屋新書、一九七一・九）の例からも分かるように、一九七〇年前後であったはずである。

疎外問題は政治・経済・社会と個人の自由との関係について考えることに他ならない。その問題も含め、「広場の孤独」における人間の自由について考察を進めていきたいと思う。木垣に即していうならば、彼が小説を書こうとする意識や姿勢には、やはり経済的自由の問題が関係していると見るのが妥当であろう。ここで言う経済的自由とは、企業や諸個人による市場経済活動を展開する自由という意味ではなく、むしろそれとは反対に、経済的諸関係から個人が自由《フリー》になり得るということ。つまり、雇用契約の自由ということを意味している。企業側から解雇される場合を除けば、労働者は労働力を資本家に売る自由もあれば、同時に売らない自由も権利として所有している。ただ、その権利を行使するにも一定の条件があるということなのだ。

そのことを「広場の孤独」において、具体的に見ておくならば、カトリック信者の青年と木垣のS新聞社退社のいきさつを比較してみるのが分かり易いだろう。彼らが勤務するS新聞社は戦後に発足した新興組織であったがゆえに、経済的危機に陥り、新たな資本を導入せざるを得なくなるのであるが、カトリックの青年ただひとりが新資本の導入に反対して辞職することができたのは、彼が「独身で親がかり」であったからである。彼は「独身」であるがゆえに、養うべき妻子もなく、親に依存すれば、取り敢えずは、住居と食事等に懸かる費用、つまり、生活をして行く上での必要最低限の金銭を捻出する必要がなかったからである。そのような生活環境に置かれていた人物であればこそ、新資本の導入に反対の声を上げることができたのである。しかし、カトリックの青年の親は、彼が再就職しない場合は、その息子を養うために、なんらかの労働に従事し続け、金銭を確保しなければならないはずである。

一方、木垣が従業員組合の大会で「殆ど何一つ発言せず」、というよりは、発言することができなかったのは、目前に恋人京子との同棲生活を控え、その生活のための費用が必要であったので、解雇されることを恐れ、沈黙を余儀なくされたのであろう。しかし、「S新聞が一般紙たることをやめて経済記事専門の新聞になったので、当時文化部系だった」彼は仕事がなくなり退社せざるを得なくなるのである。つまり、木垣は新資本導入反対の抗議行動として辞めたのではなかったのだ。木垣は新しい生活のために、発言したくとも発言することができない経済的条件に強いられていたのである。

資本主義社会において、人は資本家との雇用契約のもとで自らの労働力を商品として売り続けていかなければ、特別な場合を除き、生活していくことができないことは自明である。木垣の場合も例外ではない。仮に、彼が小説を書いたとしても、それが商品として流通過程に組み込まれ、販売され、出版社が利潤を獲得し、その利潤の一部が原稿料あるいは印税として木垣に支給されなければ、しかもその行程が継続的、あるいは拡大的に反復していかなければ、木垣は作家を職業として生活し続けることはできない。そのことが不可能であれば、生きていくために、木垣は他の職業に転職する他あるまい。

また仮に、彼が作家として自立した場合でも、その収入の金額や労働時間、労働の質等は新聞社の臨時雇いのときとは異なるにしても、労働力商品という観点からいえば、作家も臨時雇いも創作を生み出す文筆能力をもった人物か新聞社内の責任のそう大きくはない単純労働作業に従事する臨時雇いという差異はあるにしても、資本に依拠して生活をしていかざるを得ないという点では同じ立場にあるといえよう。そのことは、木垣が疎外からの回復を目的に作家となり得たとしても、社会全体という枠組みにおいては、社会的諸関係の網の目のひとつの項として存在している以上、木垣ひとりだけが疎外情況から完全に脱却することはできないということを意味している。

テクストの最後に描かれている木垣が書き記した「広場の孤独」の文字が「赤の広場」（旧ソ連、現ロシア）や天安門広場（中国）、そして「ワシントン広場」（アメリカ）、さらには、「皇居前広場」（日本）に象徴されるいずれの陣営や如何なる政治体制にも組みしないという意味をもっていると見るならば、明らかに、それはあらゆる政治・社会体制からの自由を意味していると読めるはずである。そうであるがゆえに、この世界において彼の立場は「孤独」なのだ。

2　踏み出し《コミット》と囚人の思想

一九五一（昭和二六）年にアルベール・カミュの「異邦人」（窪田啓作訳）が『新潮』六月号に掲載される。「広場の孤独」では、「この〈小説〉の題名は、そうだ、ひとまずStranger in Townこれを意訳して、広場の孤独、とする」という木垣の内的独白が記されている。この内的独白は、前田彰一が述べているように、「一人称で書かれ、人物と読者の間に語り手が介入することなく、密やかな無言の言葉が直接読者に提示される」ために、「この無言の言葉は、他の人物に聞かれるものであってはならない。こうした方法によって、読者は人物の最も密やかな内面世界に直接触れるもの(2)」なのだ。

その意味で、先に引用した箇所は木垣の考え方を最も直截に表明した独白といえるのである。先の英語を直訳すれば、「町の見知らぬ人」、あるいは「町のよそ者」となるが、「町」を国際政治、あるいは日本の社会と読み直し、「見知らぬ人」「よそ者」を社会の只中で生活しながら将来の生のあり方を模索する人々と読み換えれば、「広場の孤独」の登場人物それぞれが「異邦人《ストレンジャー》」であることが見えてくる。たとえば、木垣は軍隊に入隊後、胸を痛め、召集を解除され、戦後は上海での拘留経験がある人物として描かれている。彼は二年前にS新聞社を退職し、現在は他の新聞社で臨時の手伝いをしながら小説を書きたいという希望をもっている。

木垣が現在付き合っている京子とは法的な婚姻関係はなく、従って入籍もしていない。その京子は上海のドイツ大使館の情報処に勤務した経験があり、その時、彼女は木垣と出遭うことになるが、彼女は同僚の中国（重慶）側のスパイである中国青年と親しくなり、日本の憲兵にドイツ人のことを話し、さらに、ドイツ人と接触するうちに、日本の動向を話すことで、日本と中国（重慶）とドイツの三重のスパイの役割を無自覚に果たしていたのであった。そのため、戦後、精神を病んだ彼女は、現在、アルゼンチンへ移住することを唯一の希望としながら生きているのだ。木垣の顔見知りであるOA通信のアメリカ人ハワード・ハントは仏印ハノイへ行くことになる。木垣が上海で知り合った国民党系の中国人記者張国寿は国連《ユー・エス》つきの記者となっていく。旧オーストリア貴族バロン・ティルピッツはナチに追われた亡命者であり、国連救済機構を経て、現在は花屋を装いながら、実はパナマの船会社のエージェントなのである。このように、登場人物それぞれの異邦性の質は異なっている。しかし、彼らは時代の変化と共にその個人的立場が変化していくことを余儀なくさせられているという点では、ほぼ同じタイプの人物なのである。

個人的立場の変化といえば、「異邦人」が翻訳・発表された時期からいって、堀田がカミュのこの小説を意識しなかったはずはない。カミュの「異邦人」は、なぜアラビア人が殺害されたのか、その理由は明確に描かれてはいないし、「広場の孤独」と異なり政治の問題についても触れていない。描かれているのは、情緒や感情の起伏を極力抑えた主人公ムルソーの視点から把握した自己認識と他者理解の在りようとその変化である。

「けふ、ママンが死んだ。もしかすると、昨日かも知れないが、私には分らない」という余りにも有名な冒頭の一文にしても、ムルソーはその日が分からないのではなく、正しくは分かろうとはしないのである。ムルソーは養老院に預けた母親の亡くなった日さえ無関心なのである。母親の正確な年齢さえも把握していない。「ママンはもう埋められてしまつた、また私は仕事にとりかかるだらう、結局、何も変つたことはなかつたのだ」と考えるに至っては、ムルソーは母の死さえ特権化せず、日常生活のさりげないひとつの出来事として捉えているに過ぎないのである。

母の死の翌日には、ムルソーは知り合いのピアニスト、マリイと海水浴に行ったり、勤務する事務所の主任からパリ行きを打診されたところで、どこで生活しようが大差はなく、似たり寄ったりだと主張し、マリイからの結婚の申し込みがあれば、結婚してもよいと答え、自らは決して積極的な思考や能動的な行動を起さない人物として造型されている。つまり、ムルソーは生きていくことにほとんど無関心で、生に積極的な意味を見出すことを回避している人物なのである。ただ、このようなムルソーが情況に踏み出す決定的な瞬間がある。それは次のような場面である。

それはママンを埋葬した日と同じ太陽だつた。そのときのやうに、特に額に痛みを感じ、ありとある《ママ》血管が、皮膚のしたで、一どきに脈打つてゐた。焼けつくやうな光に堪へかねて、私は一歩前に踏み出した。私はそれがばかげたことだと知つてゐたし、一歩体をうつしたところで、太陽から脱れられないことも、わかつてゐた。それでも、一歩、ただひと足、わたしは前に踏み出した。

ムルソーがアラビア人をピストルで殺害するのは、まさにこの直後である。「アラビア人は、身を起さずに、匕首を抜き、光を浴びつつ私に向つて構へた。光は刃にはねかへり、きらめく長い刀のやうに、私の額に迫つた」とあってムルソーはアラビア人の殺害に及ぶのである。ムルソーは太陽の「焼けつくやうな光に堪へかね」たからこそ「一歩前に踏み出した」のであり、アラビア人の匕首が太陽の光に照らされ、「きらめく長い刀のやうに、私の額に迫つ」てきたからこそ彼はピストルに手を掛けたのである。ムルソーの踏み出し《コミット》はかくのごとくなのだ。従って、裁判長からアラビア人殺害の動機を尋ねられたときに、ムルソーが「それは太陽のせゐだ」と答えたのは、少なくとも現象的には正しい回答なのである。

一方、「広場の孤独」の場合、登場人物の踏み出し《コミット》は必ずしも一様ではない。先にも触れたように、新聞社の臨時雇いの木垣は、小説を書く希望を抱き、無署名の記事を書いている原口は、現在の業務に嫌気がさし、個人的責任が課せられる「警察保安隊」に入ろうとすることで、自分自身の存在理由を見出そうとしている。ティルピッツは、今まで属していた貴族という階級が廃絶されたので、自国を離脱し、国際ブローカーとなっていく。このように、彼らの立場の変化は所属する組織において、自分自身を虚構的存在として自覚した結果に他ならない。つまり、彼らはそれぞれが生きる社会の部署のなかで、その存在の虚構性に思いを馳せながら、将来の生活の在り様に精一杯、苦慮しているという点では、ほとんど同じような思考をする人物なのである。

ムルソーが生に積極的な意味や価値を見出すことなく、日常生活を送っているという点からいえば、それは「広場の孤独」の先の登場人物たちの特徴とも相通ずる一面があるといえるだろう。ムルソーは殺人の罪によって服役し、囚人となることで、独房のなかで「ママン」の「人間は全く不幸になることはない」「人間はどんなことにも馴れて了ふものなのだ」という考え方を想起し、「ひとが馴れて了へない考へなんてものはない」と自覚するようになっていく。このような生の自覚を経て、「今私の興味を惹くものは、メカニックなものから脱れること、不可避なるものに抜け道があり得るかを知ることだ」との考えに至るのである。この「メカニックなもの」を政治・経済システムや社会組織と読み換え、そのようなシステムや組織に「慣れてしまう」ことから離脱しようとするのが木垣や原口であると考えれば、彼らの思考とムルソーのそれとは案外近い距離にあるように思われるのである。

しかし、木垣や原口と比較して、ムルソーの方があらゆる世俗的な夢や希望を放棄している分だけ孤独を深めることに徹底的に自覚的である。独房のなかでも「そうひどく不幸ではない」とムルソーが思うのは、それは「時を殺すこと」によって、つまり、「想像」や「記憶」の力によって、「たつた一日だけしか生活しなかつた人間でも、優に百年は刑務所で生きてゆかれる、といふことがわかつた」からなのである。「時を殺すこと」で、「百年」、つまりある意味、永遠の生を析出するために、アラビア人を殺害し、裁判にかけられ、死刑の判決を受け、死が初めて身近に迫った瞬間、ムルソーが初めて「生きかへつたやうな思ひがして」、「世界の優しい無関心に、心をひらいた」のは極めて逆説的《アイロニカル》な展開であるといえるだろう。

カミュは「異邦人」において孤独な青年の「不条理」な殺人事件を描いているが、カミュは作中に「不条理」という言葉をたった一度しか使用せず、(3) ムルソーが独房の中で死と生の弁証による思考展開によって閉じた自己を世界に開き、殺人以前とは決定的に異なる新たな自己を獲得していく、その内面の過程を描いたのである。そのようなムルソーの内的意識の過程こそが「不条理」であったのだ。「異邦人」が掲載された『新潮』には、このテクストに対する三人の作家の論評が掲載されている。そのうちのひとりは実存主義哲学者でもあるジャン・ポール・サルトルである。サルトルは次のように述べている。

> 不条理とは、ある事実の状態を指すと同時に、ある種の人々がこの状態について抱く、明晰な意識をも指すのである。人間の根源的な不条理性を知り、それから、免れられない結論を顔をそむけずに抽きだす人間も「不条理」なのである。(「「異邦人」の解説」白井浩司訳)

「世界に在る」ということが、人間の本質的性格であるから、結局、不条理とは、人間の条件に他ならないのである。（同）

もうひとりの作家は三島由紀夫である。三島は次のようにムルソーを捉えている。

ムルソーの孤独は自我の孤独、乃至は芸術家の孤独と類を異にする。自我と俗衆、自我と社会の対立が問題にされてゐるのではない。いはばそれは、生の態様としての孤独、生が存在するために已むをえずしてとる形式のごときものである。（「『異邦人』を読む」）

サルトルのいう「人間の条件」と三島の「生が存在するため」の「形式」は、ほぼ同じ意味として受け取ることができる。彼らは不条理や孤独は人間存在にとって不可避であって、人間の根源的状態であると主張しているのである。最後のひとりの作家は英文学者でもあった阿部知二である。阿部の見解はサルトルや三島とやや異なっている。

道徳、人道、信仰、社会的良心、愛情、義務そういうものの中に、どれほど多くの虚妄が隠微にまじり込んできていて、しまいには全部を腐らせ、われわれをたばかり愚鈍化しているのではないか。（中略）そういう、じつさいは迷妄錯誤にすぎぬところの「自明の真理」によつて、人間社会というものが構成され運転されて行く。（中略）この小説の「私」は、それを「メカニズム」と考えて、それに征服されることも、それと妥協することも、絶対に拒否する。（「『異邦人』を読む——明日のための文学——」）

このような指摘を踏まえて、阿部は、ムルソーの役割は「万人が疑い得ぬ信条の中にある多くの虚妄を明らかにすること」であると述べている。阿部はサルトルと三島に比べて、ムルソーの役割を重視しているのである。阿部の見解を参照していえることは、「異邦人」は制度的思考や既成の価値観、虚偽意識が支配的な人間社会に対する根源的な批判を示したテクストと考えることができる、ということであろう。そのような批判的思考の持ち主としてムルソーを捉えるならば、その思考は、坂口安吾が「堕落論」（『新潮』一九四六年四月号）で、あらゆる既成の固定観念を批判し、自分自身の価値観を創出することの必要性を説いた主張と相通じるものがある。ムルソーの「孤独」と「広場の孤独」の登場人物たちが属する組織によって強いられる「孤独」の質は一部共通するが、カミュは堀田に較べて人間存在に関わる、より根源的な存在論的孤独を描いていたといえよう。

だがそのことで、「広場の孤独」が提起した重要な問題まで見失ってはならない。思えば、木垣は「颱風を颱風として成立させている、颱風の中心にある眼の虚無を、外側の現実の風を描くことによってはっきりさせる——こうしておれの存在の中心にあるらしい虚点を現実のなかにひき出してみれば、おれは生身の存在たるおれを一層正確に見極めうるのではないか」と独白していた。この提言がもつ意味は決定的に重要である。もちろん、木垣が言う「眼の虚無」という考え方は、必ずしもカミュ的な「不条理」を意味してはいない。ましてや、ニヒリズムを揚言しているわけでもあるまい。

木垣は「虚点」の必要性を説き、それを「予見不能の地域、颱風の眼」「人間の魂」とも呼んでいる。つまり、「眼の虚無」とは、現代を「颱風」と見立てて、現代を捉えることが可能な「眼」（視点）を設定し、その視点をあらゆるイデオロギーや政治的立場から自由な領域とすることによって、現実と自己とを把握しようとする一種の認識論がその内実なのである。

「広場の孤独」が発表された当時の同時代評(4)を読むと、それは「眼の虚無」への言及をまったく欠いた不十分な主題《テーマ》の把握に留まり、「眼の虚無」という視点を深く理解していたのは、作家となる以前の批評家日野啓三であったことに気付かされる。そこで次に、堀田の考え方に思想的に共鳴していたと思われる日野啓三の考え方を検討することにしよう。

3　見ることと生きること

日野啓三は一九四五（昭和二〇）年に学徒動員となり、敗戦後はその年の一一月に父の郷里の広島県福山市に家族と共に一時帰郷している。おそらくその時に、彼は広島への原爆投下後の惨状をなんらかのかたちで直接的・間接的に知り得たはずである。また後年、日野が読売新聞常駐特派員としてサイゴンやソウルで実際の政治の現場に立ち会った経験が、短編小説「向う側」（『審美』2号、審美社、一九六六・三）やエッセイ「悪夢の彼方――サイゴンの夜の底で」（『虚点の思想　動乱を越えるもの』永田書房、一九六八・一二、所収）の執筆の動機になっていることは明らかである。日野はこの著作に収録したエッセイのモティーフを「戦争と革命の動乱の時代に生まれ合わせた不幸を、いかにして何らかのプラスに転化するか——という大変に思い切り悪くムシの良い願いであるようにみえる」と、その「解説的あとがき」に記している。サブ・タイトルに「動乱を越えるもの」と記されている所以である。

日野は「戦争、クーデター、革命、銃殺、強制収容所、焼け跡、難民といった」極限情況を視てきた体験のさらにその向こう側を凝視しようとしているのである。日野が堀田の「広場の孤独」に鋭敏に反応するのも、彼自身の体験と深く繋がっているからであろう。日野の作家論「堀田善衛論《ママ》（颱風の眼ということ）」（『近代文学』近代文学社、一九五一・一二）がそのことをはっきりと証明している。「広場の孤独」では、「台風」の「台」一字が「颱」を使用していることを踏まえて、日野も同じ漢字を使用し、堀田が「広場の孤独」に込めた思想的課題を的確に把握し、木垣の内的独白として語られた「眼の虚無」という考え方を批判的に検討しながら、自らの考え方を次のように披歴している。

颱風は渦巻き、こゝに落葉とともに翻弄されて、吹き散ることを願わないなら、場所は唯ひとつ——颱風の眼。色褪せた護符の一切を焼き捨て、甘く愚かしい夢の凡てを殺し去つて、冷然と渦巻きをその中心に於いて逆手にとること、自ら真空と化することによつて、逆に真空の虚無を生きることである。

「眼の虚無」と化することによつて初めて「外側の現実の風を描くことは可能だ、と私（日野—引用者）は考え、彼（木垣の思考を借りて語る堀田—引用者）は逆に「外側の現実の嵐を描くこと」によつて「眼の虚無」を明らかにしようとする、同じことである。この現代を颱風とみたて、この現代の自覚を颱風の眼という象徴をもつて語ることによつて、作家の精神を真空又は虚無と規定する、そして現代小説は之以外にはありえないという私の仮説は又彼の覚悟に外ならず、従つて、この方法的自覚を核として作られた『広場の孤独』という作品はそのまゝ私の仮説の証明でもあるのだ。

この日野の批評は「広場の孤独」に表現された堀田の思想的核心に最も鋭く反応しているといえよう。日野のいう「真空の虚無を生きること」という提言は堀田の認識を踏まえながら、その考え方はより一層、存在論的である。日野は先の著作の「解説的あとがき」で、「時代そのものが原点をすでに失な《ママ》いかけている場合、あるいは新しい原点がまだ生まれていない場合、ひとつだけの原点ではなく、相矛盾する原点を、あるいは無数無限の原点を、予感し幻視しうる能力は、決して無意味ではあるまい」と述べ、さらに、「生きのびるだけでなく、来たるべき新しい原点を妄想しうるのは（古い原点からは新しい原点はつねに妄点ないし盲点でしかない）、そうした無原点のタイプなのではないか」というように問題を提起し、それに自ら答えるかたちで、「ひとつの事態に、妖しい牽引のめまいと、深い反発の衝動とを、同時に感ずることのできる反古典的な奇妙な精神——それを私は《虚点の精神》と名づける」と主張している。そして最後に、「真の思想は根源的に反思想であり、形をとることへの不断の自己否定の精神の運動そのもの」であると結論づけているのである。

　要するに、日野の「《虚点の精神》」とは、彼自身の言葉を借りていえば、「つねに、どのような事態にものめりこむことなく、つねに醒めた心と眼をもって超然と自立する乾いた精神」に他ならない。そのような「《虚点の精神》」を持つことなくしては、日野にとっては戦争を極限とするさまざまな困難な情況を生き抜くことは厳しすぎたのかも知れない。あるいは、日野が過酷な極限情況を体験してきたからこそ獲得することができた思想的観点であると言い換えてもよい。いずれにしても、堀田や日野の虚点論は小説を創作する方法論であるだけではなく、彼らの生きる覚悟や人間存在を把握するための思想だと理解しても一向にかまわない。「広場の孤独」に描かれた「眼の虚無」とこの後、分析・検討する日野の一九六〇年代後半のベトナムを舞台にした初期テクストは、その文学の質的相違にも拘わらず、人がこの世界で自由を獲得するためには虚点が思想的拠点になり得ることを主張しているという意味では、ある種の共通点があるといえよう。

　だが、ここでひとつ注意しておかなければならないのは、堀田の「眼の虚無」と日野の「《虚点の精神》」は、結果的には「虚」を基軸にして現実世界や自己を把握しようとする点において、同様であるにも拘らず、その発想の原点に立ち返れば、彼らの考え方はまったく正反対であるということである。先に触れておいたように、木垣が主張した小説表現の手法は「颱風を颱風として成立させている、颱風の中心にある眼の虚無を、外側の現実の風を描くことによってはっきりとさせる」ことであった。その意図は「颶風」に擬えた現実の中心に存在すると想定した「虚無」を外部の現実から描き出すことにあった。その限りにおいて、「存在の中心にあるらしい虚点を現実のなかにひき出し」、「生身の存在たるおれを一層正確に見極めうる」と考えたのである。そうであればこそ、入れ子構造的にいえば、「広場の孤独」には歴史的、社会的出来事や事件が「眼の虚無」を描き出すために必要不可欠な背景として設定されていたのである。そして、それらの事象がこのテクストの枠組みを形作っていたのである。

一方、日野の「真空の虚無を生きること」という考え方は堀田のそれとは明らかに反対であって、「虚無を生きる」という逆説《アイロニー》が成り立つためには「自ら真空と化すること」が前提でなければならない。この考え方には、自分自身が「虚」や「無」や「空」になることで、人間精神という内部から現実世界を照らし出そうとする意図を含む。と同時に、「虚」や「空」や「無」が世界理解の要であって、その言語化しえない、文字通り虚点を拠点として生きていくという人間存在論を日野は主張しているのである。そのため、小説表現の手法として、日野は登場人物の内面に深く踏み込みながら、その内面の「虚」や「無」や「空」を描くことによって、現実の「虚無」を表象させなければならないということになる。

日野自身も先に引用した「掘田善衛論《ママ》（颶風の眼ということ）」で、「実際の小説の認識として形象化するとなると、非常なまでに異常な努力を作家に課するもの」であると述べている。日野は、非常に困難な文学的課題を負ったといわねばならない。後に、日野は『台風の眼』（新潮社、一九九三・七）という自伝的小説を書くが、そのタイトルは、かつて日野自身が書いた「堀田善衛論《ママ》（颱風の眼ということ）」を踏襲していることは明らかである。このテクストの冒頭に登場する「ゴースト」は、「私」の「影」であり、もうひとりの「私」、つまり、自己のなかの他者ともいうべき存在であると思われるが、この二重性を帯びた「私」が「眼」それ自体に他ならない。この「ゴースト」は、「私」の父親の墓所を訪ねる「序章」に登場するだけである。「ゴースト」イコール幽霊は「序章」に相応しい存在であるため他の場面には登場しない。

『台風の眼』には、「私」が東京で過ごした幼少期や旧制高校時代、そして、新聞社の特派員時代なども描かれている。果たして、この『台風の眼』という小説が、かつて日野が目指した理念、つまり、「現代を颱風とみたて、この現代の自覚を颱風の眼という象徴をもつて語る」ことに、どの程度成功しているのであろうか、そのことを明らかにする必要があるが、そのためには別稿を用意しなければならない。ここではこれ以上、このテクストへの言及は差し控え、本来の議論に戻したいと思う。

現実の「虚無」を表象させる課題を日野がルポルタージュやエッセイとしてではなく、小説として最初に形象化したのが短編小説「向う側」である。「向う側」では「真空の虚無を生きること」という課題は、どのように描かれているのであろうか。

日野が大岡昇平の小説のタイトル「野火」(5)（『展望』筑摩書房、一九五一・一～八）を想起させる「野火啓」という筆名で書いた戦場文学「向う側」の主人公に固有名は与えられていない。主人公は「私」という一人称代名詞で表象され、小説世界を表象する時代や場所や他の登場人物などにも敢えて具体名や固有名を与えてはいない。この小説では、それは「場末の裏通りといった名も知らない一画」「えたいの知れない街」「この内戦の首都」「行方不明の特派員」といったように、あくまでも抽象的に描かれているに過ぎないのである。

「向う側」では行方不明となった特派員の足跡を辿りながら、彼の行方を探索するもうひとりの特派員「私」の行動が描かれている。最後に「私」はこちら側に戻って来るが、〈向う側〉の世界に一時的に足を踏み込むことになる。その〈向う側〉は現実に即していえば、南ベトナム解放戦線地区を想起させはするものの、日野自身が川本三郎のインタビュー（「『廃墟』を旅する単独者」『文學界』一九八七・四）で答えているように、〈向う側〉は「形而上学的な意味の向う側」であり、「不可視の領域」といった空間を表象する用語なのである。

従って、そこは実際の地域と重なりながら、現実を越えた、まさに非現実・超現実の世界を示唆しているのである。(6) 後年、日野はベトナム特派員時代の体験を回想した一文を書いているが、そこには、「向う側」を書かざるを得なかった日野の内的動機が端的に語られているように思われる。先に言及した「悪夢の彼方――サイゴンの夜の底で」から〈向う側〉という文言を含む箇所を引用し、さらに検討を続けよう。

動乱の嵐の眼の中で、私は動乱を突きぬけた世界をかいま見たように思う。
私が動乱にひかれるのは動乱でゆるんだこの世界の裂け目から〈向う側〉を見るためだった。

動乱そのもの――歴史と変転と激動のドラマの筋書き自体に私は興味があったのではないようにさえ思う。
動乱は手段だった。窓だった。そして動乱を越えた向う側にのぞきみたものは、動乱でも平和でもない別の世界だった。悪夢よりも悪夢のようなために、現実よりも現実的な世界だった。そこから改めてこの世界をいわば裏側から眺め返す視点を私は予感した。恐らくそれが私がサイゴンで得た最も貴重で呪われた体験だ。（山括弧―引用文）

この回想から、読売新聞常駐特派員日野啓三が、ベトナム戦争という「動乱」から体験的に獲得した認識は〈向う側〉を垣間見て、その視点からこちら側の世界を捉え返すことであったことが見えてくる。もはや日野にとって、こちら側だけに留まって思考することは不可能になったといわねばならない。日野が〈向う側〉に見たのは「動乱でも平和でもない別の世界」、つまり、そこは語の厳密な意味における〈虚の世界〉ではなかったか。

また、『ユーラシアの風景　世界の記憶を辿る』（ユーラシア旅行社、二〇〇二・八）という日野の紀行エッセイ集に収録されている「メコンデルタの広がりの中で」には、特派員時代に「全土がゲリラ戦の戦場」であったにも拘らず、「メコン河デルタ地帯の真ん中まで、チャーターしたタクシーを走らせ」、到着した場所は「水田と椰子林と湿地の原野と空と雲と光だけ」の「広過ぎ、明る過ぎる大空間。大空虚」であったと記されている。この日野の体験の具体的記述から「メコン河デルタ地帯」への実際の侵犯行動が、「向う側」では無名の特派員の〈向う側〉への越境行為として文学的に形象化したことが見えてくる。さらに、そのときに受けた実感から、日野は「この世界をいわば裏側から眺め返す視点」を獲得したともいえるのである。「自ら真空と化することによって、逆に真空の虚無を生きる」という日野の主張は、「広場の孤独」に対する論評を超えて、日野自身が目指すべき文学的課題として受け取るべきだろう。

おわりに

日野がベトナムでの体験をデビュー作で私小説的な表現形式を借りながら、具体名や固有名をすべて消去し、抽象的に描かざるを得なかったのは、おそらく、彼がベトナムで地獄のような現実と向き合った結果、それを事実として描く言葉を見つけることが極めて困難であることを自覚し、むしろ、抽象的に描く方が事態の真実に迫り得ると考えたからではなかったか。無名の特派員の越境者、あるいは、同じく無名の特派員の追跡者を無名の地域に存在・展開させたのは、日野自身の言葉を借りていえば、「形をとることへの不断の自己否定」（「悪夢の彼方――サイゴンの夜の底で」）であり、「反思想」（同）の表明に他ならなかったともいえよう。あるいは、追われる者と追う者という人間関係の二項対立の構図は、日野が余りにも過酷な現実を見過ぎた結果、統一した自己を維持することができず、自分自身の存在が自己分裂したことの文学的表現であると理解することも可能であろう。ならば、そのような自己分裂した存在こそ〈異邦人《ストレンジャー》〉以外の何者でもあるまい。

行方不明となった特派員の足跡を追うもうひとりの特派員の行動にも似て、日野のユーラシア旅行を追体験した鈴村和成の『アジア、幻境の旅　日野啓三と楼蘭の美女』（集英社、二〇〇六・一一）は日野の紀行エッセイ集同様、アジアとヨーロッパを併せた広大な地域、ユーラシアの風景写真と解説的文章によって構成されているが、そこで鈴村は、日野の「対岸」（『審美』終刊号、審美社、一九七三・一一）を援用しながら、〈向う側〉という〈対岸〉に着いた「私」を「異邦人、ゴーストになった」と指摘している。鈴村の記述を単なる比喩的表現と理解してはならない。むしろそれは、日野啓三という表現者が、小説空間に展開させた主人公「私」の存在論的性格を的確に言い当てた評言と見るべきであろう。

ここで付言しておきたいのは、「向う側」における無名の特派員の越境行為と彼を追跡する男の行動を描き、〈向う側〉からこちら側の世界を把握する試みは、ムルソーが殺人を犯すことで、刑務所の独房という〈向う側〉に収監され、殺人を犯す以前の自己とはまったく異なる新たな自己を発見したことと同じ構図を成しているということである。先に堀田の「広場の孤独」にカミュの「異邦人」の影響を指摘しておいたが、これまでの考察からも明らかなように、日野の「向う側」にも「異邦人」の強い影響を看て取るべきかも知れない。というのも、日野は「向う側」を執筆・発表する以前に、「アルベール・カミュと正義――『正義の人々』について――」（『三田文學』一九五四年五月号）という批評文を書いており、先に参照したサルトルの批評を引き合いに出して、「ムルソーがたとえサルトルのいうように「善悪を教え、許されたことと禁じられたことを教える宣教師が到着する以前の、あの未開人のように無垢だ」としても、その完全な「無垢」はそのまま悪に対する、不正に対する完璧の受動性だ」（「『異邦人』《ママ》解説」）と述べているからである。おそらく、日野の主張は人間という存在は正義を実践、実現しなければならないという考え方に立脚しているのであろう。

日野は『虚点の思想』を刊行後、一九七一（昭和四六）年一〇月に初めての短編小説集『還れぬ旅』を刊行している。この小説集には本のメイン・タイトルにもなった「還れぬ旅」（『文芸』一九七〇年七月号）の他に、「めぐらざる夏」（『文學界』一九七〇年一〇月号）、「喪われた道」（『文芸』一九七一年五月号）の二篇の小説が収録されている。これらの小説のタイトルがある種の非現実性・超現実性を象徴しているように、一九七〇年代初頭の日野は「非現実的な存在」（「還れぬ旅」）、「何ひとつ動くもののない（中略）静寂」（「めぐらざる夏」）、「地上とはちがった角度からの世界」（「喪われた道」）という言説に集約できる極めて抽象度が高い虚構の世界を描いていたのである。おそらく、日野が戦争体験からいやおうなく身に纏わざるを得なかった喪失感・孤独感を抽象的に描くことは、日野文学におけるひとつの特徴的手法であろう。

川本三郎のインタビューを受けて日野が自身の文学的経歴や特質についての応答を掲載した『文學界』（一九八七・四）所収の年譜や『昭和文学全集　第30巻』（小学館、一九八八・五）所収の年譜、さらに、『砂丘が動くように』（講談社文芸文庫、一九九八・一〇）所収のいずれの自筆年譜にも、日野は当時の心境を次のように書き記している。

米軍本格介入時期の南ベトナムへ特派員に出る。7か月間。様々な剥き出しのものを見、茫々と溶解する自分を感じ、このリアリティーはもう評論では捉えられない、小説を書こうと決心する。帰国早々、梅崎春生『幻花』と偶然本屋の店頭で出会い、自分にも小説が書けるかもしれないと思った。（『文學界』ゴチック―引用文）

――昭和三九年（一九六四）三五歳
内戦が激化し始めた南ベトナムへ初代常駐特派員として赴任。八か月間戦乱の地で様々に剥き出しのものを見、自分が溶解するような意識を体験して、もう論理的な評論は書けない、こういう意識を表現できる小説を書きたい、と思いながら帰国する。（『昭和文学全集　第30巻』）

一九六五年（昭和四〇年）三六歳
赴任とともに内戦は一挙に国際戦争に拡大、米軍の本格介入。（中略）兵士も民衆も悲惨を極め、私も休みなしの取材送稿で心身共に壊れかける。この溶解しかけた現実感覚はルポでも評論でもなく、小説の形でしか書けないと思い至り、小説を書く決心とともに帰国（駐在八ヵ月）。（『砂丘が動くように』講談社文芸文庫）

「茫々と溶解する自分」「自分が溶解するような意識」「溶解しかけた現実感覚」こそ、日野は現実と自己を把握することができなくなることを予期し、小説という形式をもって自己を表現しえない限り、もはや生きることが極めて困難になっている危機的情況を自覚した言説に他ならない。その意味では、当時の日野が抱いていた内的感覚は、実際は先に述べた喪失感・孤独感というよりは、むしろそれ以上の絶望感といってもいいようなかなり深刻な精神状態であったはずである。

日野は、海外特派員時代のことを書いた『ベトナム報道――特派員の証言』（現代ジャーナリズム出版会、一九六六・一二）を刊行後、同年三月に先に言及した小説「向う側」を発表する。その後、ベトナムを舞台にした短編小説を書き続けていく。[7] 表現者日野が文芸評論家、ジャーナリスト、ルポルタージュ作家から小説家に転身したことは、日野にとって時代の虚無を生きるためには必要不可欠な文学的実践であったというべきであろう。

注1　サンフランシスコ講話条約の締結に関する記述は『日本近代史Ⅲ』（藤原彰、岩波全書、一九七七・一二）の「第四章 占領下の日本　第四節サンフランシスコ講話条約」に負っている。

2　前田彰一「第Ⅱ章「語り」の現象学　5 語りの技法――体験話法と内的独白」（『物語のナラトロジー――言語と文体の分析』彩流社、二〇〇四・二、所収）。

3　高畠正明は「この小説（「異邦人」―引用者）の中では、不条理（absurde）という言葉はただの一箇所しか使われておらず、――《重要なことは何もないこのばかばかしい（不条理と同義）人生》という箇所がそれです――そのことをもってしても、いかにカミュがこの小説の中で、《不条理》という言葉を使わずにそうした状態を描こうと努力していたかがわかるのです」と述べている。『アルベール・カミュ』（講談社現代新書、一九七一・九）の「第五章『異邦人』と『シーシュポス』の世界」参照。

4 矢内原伊作は「掘田善衛論」（『近代文学』近代文学社、一九五一年八月号）において、『広場の孤独』の主題《テーマ》を次のように把握している。

政治が彼の主要なテーマであると言つても、彼の関心事は表面にあらはれた政治そのものにあるのではなく、思想に結びついた国際政治といふ怪物にあやつられる人間の側にある。その生活や意図にお構ひなく如何に政治が人間を非人間的な場所に追ひこむか、逆に言へば、その非人間的な場所で如何にして人間が人間であり得るかといふ問題だ。これはもはや個人の趣味や性格の問題ではない。現代に於て人は如何にして生き得るかといふ、極めて本質的な問題である。

山本健吉は「掘田善衛論」（『三田文學』一九五二年五月号）において、矢内原の考え方とはまったく異なる見解を表明している。

現代人、ことに日本の知識人の政治的不安をさながらに描き出さうとする堀田は「今日的な、あまりに今日的な」作家である。今日の知識人の不安と苦悩を、国際的な視野のもとに敏感にえぐり出したことが、堀田の小説が多くの共鳴を得た原因である。複雑にかみ合つた今日の政治機構の中に、いやおうなしに巻込まれてしまふのが知識人の運命であることを、堀田は繰返し作品の中で強調する。このやうに政治の渦の中へ巻込んでしまふことを、堀田はコミットメントと言つてゐる。コミットとは「罪や過ちを犯す」といふことである。（中略）「広場の孤独」は、彼の言葉を逆用すれば、コミットメントの文学であつて、アンガジエの文学ではない。「参加」の文学ではなく、「参加させられる」文学である。

矢内原と山本の評言を読み比べて見れば明らかなように、矢内原は「広場の孤独」の主題《テーマ》は現代における人間の実存問題であると述べている。一方、山本はこのテクストは投企《アンガジェ》の文学ではなく、投企《アンガジェ》させられる文学であると主張している。彼ら二人の見解は正反対であるといってよい。しかし、「広場の孤独」の主題《テーマ》は木垣が内的独白として語っていたように、虚点論を基軸にしながら現実世界と人間存在を把握すること以外ではない。そのことが極めて現実的かつ思想的に困難な課題であるがゆえに、木垣は「孤独」たらざるを得ないのである。矢内原や山本のように、ある意味、確立した個を前提とした議論からは木垣がなにゆえに「広場の孤独」という文字を書きつけたのか、その時の彼の複雑な心境を把握することはできない。

5　日野には大岡昇平「野火」について論じた「存在の密度――『野火』の魅力について」（『近代文学』近代文学社、一九五七・一〇）がある。日野の「野火」への関心の深さを示す批評文である。

6　相馬庸郎は自身の『日野啓三研究個人誌　第5号』（二〇〇七・一二）で、「向う側」は、ベトナム戦争を描いた開高健『輝ける闇』（新潮社、一九六八・三）に較べて、「如何に抽象的で理念的な世界を書こうとした作品であったか」と述べている。なお相馬には『日野啓三――意識と身体の作家』（和泉書院、二〇一〇・六）がある。

7　日野啓三の「向う側」「広場」などの初期文学テクストを分析した論稿として山根繁樹「日野啓三『向う側』論――言葉の外部へ向かう試み――」（『近代文学試論』第三一号、広島大学近代文学研究会、一九九三・一二）、「日野啓三『広場』論――物語を拒む小説――」（『国語教育論叢』6号、島根大学教育学部国文学会、一九九七・三）、「二つの『向う側』――日野啓三作品の展開――」（『近代文学試論』第四七号、広島大学近代文学研究会、二〇〇九・一二）がある。

〔付記〕　本文の引用は『堀田善衞全集1』（筑摩書房、一九九三・五）所収の「広場の孤独」に拠った。

Ⅳ 償いとしての習慣

＊安岡章太郎の家族小説――「海辺の光景」

はじめに

我が国は一九五五（昭和三〇）年から一九七二（昭和四七）年に至る期間に高度経済成長を遂げた。時代の変化を捉えた中野好夫は一九五六（昭和三一）年に、「もはや「戦後」ではない」[1]という論稿を発表した。サブ・タイトルに「旧い夢よ、さらば。小国の新しい意味を認め、それを生かす新しい理想をつかもう」とある。中野はこの論稿で、「「戦後」意識から脱け出して、（中略）未来への見通しに腰を据えるべき時がきたのではあるまいか」との問題提起を行い、「国と国との関係を考える上において宿怨とか報復とかいつた《ママ》感情的な考え方に押し流されないこと、また国際間の動きをたゞ単純に正と邪、善玉と悪玉といつた《ママ》倫理的範疇だけで考えないような習慣をつけることが一番必要なのではなかろうか」と述べ、当時の「日ソ交渉の現状」と「日韓関係の緊張」をその例に掲げ、国際間の対立感情を「もうそろそろやめにしたい」と主張した。しかし、中野の主張にも拘わらず、「戦後」に終止符が打たれたわけではない。なぜならば、現在もなお、日露（旧ソ連）、日韓の間には未解決な戦後処理問題が残っているからである。

中野が先の論稿を発表してから三年後、安岡章太郎は「海辺の光景」(2)（『群像』一九五九・一一、一二）を発表する。このテクストは戦場から帰還した父信吉が「結核がなおらないまま寝たきり」であった時期もあり、その無気力ともいえる生活の様子、そして、信吉が家長としての役割と責任を果たさないために生じる家計の困窮、母チカの精神病院への入院、そして、その病院で母の死を受容する息子信太郎の心境を描いている。このテクストについて、平野謙は「「海辺の光景」の題材を著者自身の体験とみなしてほぼ大過ない、と思っている。しかし、それは決して著者の体験をそのまま書き写したものではない。著者の体験はいわばひとつの素材にすぎない。その素材にどんな光線をあてて、どういう色彩に描きあげるかが、体験の有無にかかわらぬ芸術創造上の仕事に属する(3)」と述べている。ならば、平野の言う「芸術創造上の仕事」とはいったい何なのか。本論の目的は「海辺の光景」のテクスト分析を通じて、「芸術創造上の仕事」の具体的内容とこのテクストの性格を明らかにすることである。

1　羞恥の感情の形成

次に引用したのは「海辺の光景」の冒頭部分である。

片側の窓に、高知湾の海がナマリ色に光っている。小型のタクシーの中は蒸し風呂の暑さだ。桟橋を過ぎると、石灰工場の白い粉が風に巻き上げられて、フロント・グラスの前を幕を引いたようにとおりすぎた。

信太郎は、となりの席の父親、信吉の顔を窺った。日焼けした頸を前にのばし、助手席の背に手をかけて、こめかみに黒味がかった斑点をにじませながら、じっと正面を向いた頰に、まるでうす笑いをうかべたようなシワがよっている。（中略）大きな頭部にくらべてひどく小さな眼は、ニカワのような黄色みをおびて、不運な男にふさわしく力のない光をはなっていた。

「で、どうなんです、具合は」

「電報は何と打ったんだかな、キトクか？　……今晩すぐというほどでもないようだな、まア時間の問題にはちがいないが」

信吉は口の端に白く唾液のあとをのこしながら、ゆっくりと牛が草を嚙むような調子でこたえた。（中略）……突然、腐った魚のハラワタの煮える臭いが鼻を撲った。車のすぐ前をケタタマしい叫びを上げて、トサカまで真白くほこりを浴びたニワトリが何羽も横切った。粗末な、板片を打ちつけただけの家が、倒れそうになりながら軒をくっつけあって立っている。「部落民」と呼ばれる人たちの居住区だ。

一読すれば分かるように、カタカナ表記が目立つ文体である。その表記は小説の最後に近い一文、

「岬に抱かれ、ポッカリと童話風の島を浮べたその風景は、すでに見慣れたものだった。(中略)……一瞬、すべての風物は動きを止めた。頭上に照りかがやいていた日は黄色いまだらなシミを、あちこちになすりつけているだけだった」という語り手による語りに至るまで、このテクストには数多くのカタカナ表記を確認することができる。

この表記に関して、小森陽一は安岡章太郎の「ガラスの靴」(『三田文學』一九五一・六)の文体を分析し、「噓」と漢字で書くことも出来、平仮名書きでもいいはずの言葉を、あえてカタカナ書きにすることで、読者にこの言葉に対する特別な注意を喚起することになる」(4)と指摘している。さらに、小森は、中上健次が、安岡の文体は「内々の事を耳元でひそひそ声で語られるような魅力に出喰わす。「君だけ特別だよ」とほとんど読者の耳元で、語られる錯覚を抱かせる」(5)と指摘したことを踏まえて、「自分ひとりだけ」に語られているような「錯覚」を読者が抱くのは、「カタカナ書きの「表記法」」(6)に象徴されると主張している。そして、小森は漢字で表現できる語彙を作者安岡が敢えてカタカナ書きに変換して記述するのは、読者に「漢字の意味作用を呼び込むための「表記法」の操作なのである」(7)と結論づけている。要するに、安岡のカタカナ表記の読者への注意喚起を促す文体は、読者がその語彙のカタカナの表音性と同様の漢字を想起し、その表意性、つまり、その語彙の意味を把握することで、読者は安岡のテクストを語彙表現レベルにおいて、重層的に読むことを促されることになるのである。

このような考え方は「海辺の光景」の文体を分析する際にも有効である。先に引用した冒頭部分の父親の発言の中の「キトク」を「危篤」と記述するのではなく、敢えて、「キトク」とカタカナで表記することで、読者に漢字表記の「危篤」を呼び起こし、母親の「病気が非常に重く、体調が弱って危ない状態」に陥っていることを、より明確に読者に想起させることになるのである。

テクストの冒頭部分では、「K浜」に面した精神病院に入院している母チカを、その夫、浜口信吉と息子信太郎が見舞いに行くタクシーの中の場面が描かれている。その出自ゆえに、「部落民」の書き込みに敏感に反応した中上健次は、この「言葉に触発されて、作品中に差別、被差別という回路を挿入する事により、安岡氏の作品が構造化されるのである」(8)と述べた後で、「海辺で主人公が視たものは、ある個体に訪れた死のみではなく、軍隊では獣医であり、敗戦後ニワトリを飼う父を、言わば内々の被差別者のように恥かしく思っていた母子の、母子相姦的な共同意思、内々の死でもあったのではないだろうか?(9)」と述べて、このテクストの核心に迫る問題提起を行った。実は、この母子の父親に対する「内々」の関係は羞恥の感情の形成と密接に関係している。

信太郎が「父の職業を恥ずかしがり出したのは」、東京の自宅を戦災で失い、叔父が貸してくれた「鵠沼の別荘」に住んでいたとき、「勝手口から御用聞がやってきて」、「旦那さんは騎兵ですか」と問われたことに対して、母が「そうじゃないよ」とだけ答え、「(獣医だ)」と答えようとした信太郎を押しとどめたのがその最初であった。「母の羞恥心が端的に息子の心にのりうつった」瞬間だった。信吉の「獣医」という役割は直接的な戦闘行為からかなり距離があるため、その妻子にも羞恥の感情を呼び起こしたのである。

文化人類学者のルース・ベネディクトは『菊と刀』（一九四六年）で、日本人の気質や行動様式を分析・解明し、「恥が主要な強制力となっている[10]」と説いた。この著作の目的はアジア・太平洋戦争終結後、アメリカが日本を占領・統治するために、日本人の性格を把握することであった。ルース・ベネディクトはこの著書で、徳川幕藩体制下における君主と家臣との関係を分析し、「日本人の人生観は彼らの忠・孝・義理・仁・人情等の表現によって示されている[11]」と説き、さらに、「日本人は罪の重大さよりも恥の重大さに重きを置いている[12]」と主張していた。

ところが、石田英一郎から『菊と刀』の批評を依頼された和辻哲郎は「『菊と刀』について」（『民族学研究』一九四九・八）という論文を発表し、その論稿で、「この書は「日本軍人の型」を論じているのであって「日本文化の型」を論じているのではない[13]」と断定し、彼女の考え方は日本人一般には妥当しないと批判した。和辻の考え方を逆手に取っていえば、信吉やその家族が羞恥の感情から逃れることができないのは、彼らが旧軍人一家であり敗者の側の人間として位置づけられているからに他ならない。

浜口家における羞恥の感情を分析・検討する前に、この一家の家族関係を見ておこう。戦時中、経済的には浜口母子は信吉の報酬で問題なく生活することができていたが、戦後、すべての軍隊組織が解体され、信吉がただの人となってからはその報酬がなくなり、彼らの生活は困窮化していく。それはまた、父親不在の戦時下を共に生きたこの母子にとって、信吉が復員し、家族と共に暮らすことは、それまでの母子の日常が否定されることを意味したのだった。信太郎と母チカは信吉にどのように接したのだろうか。語り手は次のように語っている。

日華事変の初期からほとんど外地ばかりをまわらされていた父親の信吉と、同じ屋根の下でくらすのは信太郎にとっては十年ぶりのことだった。それは奇妙なものだった。父親というよりは遠い親戚のようにも思えた。親戚の老人が上京したついでに、ちょっと寄ったという恰好だ。この感じは日がたつにつれて更められるどころか、かえって客に居坐りこまれたような気持にさえなってきた。親子三人が食卓をかこむと、暗黙のうちに母と信太郎とが組になって父に対峙するかたちになる。

明らかに信吉はその妻子から完全に疎外されている。信吉はこの妻子にとって、「遠い親戚」、あるいは「客」、つまり、他者としてしか位置づけられていないのである。食卓で「組になって」信吉と「対峙する」妻とその息子という歪な一家団欒の「かたち」が母子の黙契によって成り立っていることで、この母子のかなり濃密な関係を物語っていることは明らかだ。

戦後到来した平和な時代の日常は、多くの人々にとっては喜ぶべきことなのであるが、母チカと息子信太郎はそれまでの日常が大きく変化したために、彼らは父親を含めた家族関係を再構築するための新たな生活のスタイルを見つけることができなかったのである。おそらく、そのような事態がチカに狂気を呼び込むひとつの要因になったのであろう。しかも、その狂気が現れてくるのは、信吉が何の目的もなく飼い始めた「ニワトリの眼つきに」、彼が「似てくるよう」になってくる頃と連動しているのだ。

……狂気について云えば、母よりもむしろ、こんな父の方にこそそのキザシがあるようにおもわれるかもしれない。そのころはまさにそのとおりだ。母はまだ健全だった。ただ、それが崩れはじめる最初の要因は、そのころに築かれたものかもしれなかった。……

「そのころ」とは、信吉が「庭の片隅にトリ小屋をたてることに熱中しはじめた」頃のことであるが、この語りから分かることは、敗戦後、家長として経済的・精神的にその役割を担うことができなくなった信吉は、発狂する可能性があったということであろう。しかし、発狂したのは信吉の妻チカの方であった。チカの狂気は父の狂気の「キザシ」、つまり、その徴候が母に転移したと考えることもできる。

信吉の「キザシ」も戦中から敗戦を経て、戦後に至る日本という国家の在り方の激変に対応しきれない人々の生の不安を象徴しているのであり、信吉も戦争の犠牲者のひとりに他ならない。かつて、陸軍「獣医」であった信吉が、戦後、単に「ニワトリ」を飼育するといった行為は日本の敗戦によって、男性の権威・権力が失墜し、旧軍人が戦後を羞恥の感情を抱きながらひっそりと生きざるを得ない象徴的行為なのである。「ニワトリ」を飼育する以外に何もしない彼は、社会とまったく無関係に、それゆえ、孤独に生きている。浜口家における「養鶏」問題については、後に、詳細に分析・検討することになるだろう。

2　嗅覚と視覚の役割

「海辺の光景」を構造的に読み解くためには、先に引用したテクストの冒頭部分から「ニワトリ」以外のいくつかの語彙や表現に注目しなければなるまい。そのことによって、狂気の母と無為の父という非対称の夫婦関係を、より正確に把握することができるはずである。

このテクストには、「臭い」という語彙が数多く使用されている。すでに、杉本優は「臭気とニワトリとは、病院で母親を見守る現在時の物語の進行とそれに挿入される回想時の出来事において、それぞれ重要な文脈を形成する」(14)と指摘している。「臭気」については、四方田犬彦も信太郎の「嗅覚が抜き差しならない体験の直接性」(15)に基づいていると述べているが、フランス文学研究者の海老坂武はこのテクストに描かれた「臭い」について、次のように具体的に言及している。

冒頭、車で病院に向かう途中、突然「腐った魚のハラワタの煮える臭《にお》いが鼻を撲《なぐ》った」。それは〈部落民〉たちの居住区ということですが、その後青年についてまわる臭いを予兆しているようにも思われます。このすぐあとにこんどは母親の病室の臭いが出て来ます。「汗と体臭と分泌物《ぶんぴつぶつ》の腐敗したような臭いが刺すように鼻についた」。さらに重病病棟の臭い、食事を持って来た女の髪油の臭い。そして再び母の病室の臭い。(16)（ルビ・山括弧―引用文）

引用したのは、海老坂が、信太郎は「きわめて感覚的な細部にこだわる人間、とりわけ臭いに、悪臭に敏感な人間である」[17]ことを指摘した直後の文章である。しかし、海老坂は「汗と体臭と分泌物の腐敗したような臭いが刺すように鼻についた」のすぐ後に、「しかし、その臭いを嗅ぐと、なぜか彼は安堵した気持ちになった。重い、甘酸っぱい、熱をもったその臭いが、胸の底までしみこんでくるにつれて、自分の内部と周囲の外側のものとのバランスがとれてくるようであった」という文章が続くことを見逃している。信太郎が「汗と体臭と分泌物の腐敗したような臭い」を「嗅ぐと（中略）安堵した気持ちになった」のは、大貫虎吉の的確な指摘を援用していえば、その「臭い」は「かつて赤ん坊であった信太郎の身体から発生し」、そして、その「臭い」を「彼自身と母親の二人だけが幸福にも共有」[18]していたからである。ここに、「臭い」を媒介にした母子一体感の端緒を看て取ることができるのである。

嗅覚の対象に関して、具体的に述べていない四方田はともかく、海老坂と大貫はこのテクストには母の死を予兆させる「臭い」だけではなく、平仮名表記に限定される生を象徴する「におい」が描かれていることを見落としている。このテクストには、「木の葉のにおい、海のにおい、土のにおい」「青い稲のにおい」といった自然に関わる生き生きとした「におい」も認めることができるのである。病室内の「臭い」と外部の「におい」の文字表記の使い分けは、信太郎が死と生に纏わりつく「臭い」と「におい」を嗅ぎ分ける嗅覚的存在であることを明示しているのである。

嗅覚ばかりか、信太郎の視覚も極めて重要な役割を果たしている。四方田は信太郎の「視覚からくる印象はより間接的であ(19)ると書き記している。「海辺の光景」冒頭一行目の「片側の窓に、高知湾の海がナマリ色に光っている」という語り手による風景描写と「信太郎は、となりの席の父親、信吉の顔を窺った」と語られていることに注目すれば、信太郎がその視線の先に「高知湾の海」と父親の存在を捉えていることは明らかだ。そして、信太郎の視線がこのテクストで最終的に捉えているのは、「歯を立てた櫛のような、墓標のような、杙の列をながめながら彼は、たしかに一つの〝死〟が自分の手の中に捉えられたのをみた」という語り手の言説に他ならない。つまり、信太郎はテクストの冒頭から結末に至るまで一貫して視覚的存在であり続けているのである。

あらゆる体験は人間の五感を通して身体化され、脳内に記憶されていくとすれば、記憶に残り続けるのは、鮮明か不鮮明かは別にしても、主に視覚を通して得られた光景であろう。従って、「海辺の光景」というタイトルそれ自体が信太郎の記憶の物語であることを示唆しているのである。しかし、「海と空」の光景は信吉や信太郎には見ることはできても、すでに「視力は半年ほどまえから全く失われて」「睡りつづけ」「顔の筋肉はすこしもうごかない」母チカには、それは決して見ることができない風景に過ぎないのである。一方、母とは反対に、視覚的存在であり続ける信太郎は視覚を喪失し、表情が消えた母を黙って見守る事しかできない存在なのだ。

母の視覚能力がまったく失われているため、信太郎は言語や視線、表情や身振り、手振りなどの言語的、非言語的手段を総動員したとしても、もはや、彼は母とは正しくコミュニケーションを取ることができないのである。そのような事態に陥っている母の手を信太郎が握ったときに、「シワのよった皮膚に包まれて意外に小さく柔らかな掌があるのを感じ」、母が「イタイ……、イタイ……」と拒絶するような声を上げ、「看護人」が母親に「息子さんぞね、息子さん……」と声を掛けても、まったく反応がなく、父親が室内に現れた瞬間、母があたかも遺言を言い残したいかのように、「おとうさん……」と「かすれかかる声で低く云った」ことの意味は大きい。なぜなら、この後、母の叫び声も囁く声もまったく描かれることはないからである。「おとうさん……」という囁きこそが、生前、母が発した最後の言葉なのである。

ここでも信太郎は母の「やわらかな掌」を感じるだけであって、母をただ見守る事しかできない存在なのだ。「おとうさん……」と言われた信吉は、語り手によって、「いつものうすら笑いを頬にうかべたまま、安らかな寝息をたてはじめる妻の顔に眼をおとした」と描写され、妻が一瞬発した自分を呼ぶ囁きに返す言葉はない。

おそらく、意識と無意識の狭間で発したであろうチカの言葉は、息子よりは夫を選択したことを物語っている。反対に、信太郎は母の潜在意識には、確固として父の存在が息づいていることに驚愕し、その瞬間、その母子関係は閉じられ、信太郎は母を見詰めるしかないことを再認識したはずである。それは、先に引用した中上健次の言説に従えば、「内々の死」[20]が成立した瞬間だったのである。ならば、母の最期の言葉を信太郎はどのように受け止めたのだろうか。そのことを、次に確認しておこう。

……堪えがたいその臭気のなかで信太郎は、糜爛した母の軀のあちこちの瘡口や膿に濡れたガーゼをおもいだす。と同時に、あのとき母の口からもれた「おとうさん」という声が頭にうかんだ。それは彼にとって信じられないほど不思議な出来事だった。――あれ以来、自分はいくらかの失望とそれに見合う安堵とを感じているにちがいない。なにしろ、あの一と言で三十年間ばかりも背負つづけてきた荷物が失くなったはずだからだ。しかし実際には彼には何の感慨もなかった。ただ、いかにも不思議だという印象があるばかりだ。

「おとうさん……」と発した母の言葉によって、信太郎が「三十年間ばかりも背負いつづけてきた荷物」、つまり、母親の過剰に息子を思う気持ちから彼自身が解放されたこの場面でも信太郎の嗅覚は活きている。信太郎は病室内の「臭気」を感じたことが契機となって、母の患部に手当された「ガーゼ」を想起し、さらに母の声を想起することになるのである。嗅覚と視覚と聴覚が密接に連携しながら信太郎の記憶を炙り出しているのだ。しかも語り手が「彼には何の感慨もなかった」と語ることで、信太郎が「情緒」的な人物ではないことをここで明示しているのである。

母の死に至る文脈の形成は、感覚器官の描写だけに留まらない。たとえば、「海」という語彙はそのひとつである。母親が入院している「精神病院」は「高知湾の海」に面している。つまり、この「病院」は、「海」と「陸」の境界である海辺に近い陸地に建てられているのである。身体や精神を病んだ患者の回復は都会の喧騒から離れ、自然豊かな場所がそれなりに相応しいことは改めて述べるまでもない。

現代生物学の学説によれば、約四〇億年前に生命が海の中で発生したといわれている。解剖学者の三木成夫が「mater（母）がmare（海：ともにラテン語）に通じていることを見逃してはならない。そしてこのことは、「海」の漢字に「母」の字がふくまれ、「うみ」の大和ことばが「生み」に通じる」[21]と述べているように、我が国において、「海」は「生み」に通じ、生命を産み出す「母」を想起する語彙として理解されているのである。「海」、あるいは、海辺が生命と関連が深い場所であるならば、そこは信太郎が母との関係を再認識するためには、最も相応しい場所といえよう。浜口という名字が海辺と隣接関係にあるのも偶然ではあるまい。

「海」の象徴性はそれだけに留まらない。「海」は季節や天候に応じて、さらに、時間の経過に応じて、その姿を刻一刻と変化させる。そのような自然の変化はこのテクストに描かれているように、「暗い海面」のときもあれば、「青空を映した海」のときもある。「海」は人の人生と同じく、さまざまな表情を垣間見せるのである。母チカの死との関連からいえば、「頸にホウタイを巻いた男」が予想したように、干潮は人の死の暗喩として考えられている。信吉がタクシーの中で、信太郎に「まア時間の問題にはちがいないが」と話し掛けているが、この言葉に遠く呼応しているのは、「頸にホウタイを巻いた男」が「人間が死ぬるときは必ず干潮じゃ。満潮で死ぬることは、めったにありゃせん」と語る言葉なのである。信吉と「頸にホウタイを巻いた男」の予想は母の死亡時刻に至るまでの文脈を形成しているのである。しかし、「頸にホウタイを巻いた男」の予想に反し、母チカが亡くなったのは午前「十一時十九分」であり、男が予告した午後「十一時すぎ」ではなかった。蓮實重彦は、その時刻が午後ではなく、午前であったことで、「予言は半分しか適中してはいない」と述べた後で、この男の時間意識のズレから生と死の関係について、次のように整理している。

> この正確無比なとり違えが、信太郎をどこまでも怯えさせる。昼を夜として生きる頸にホウタイを巻いた男はおそらく、生を死として生き、死を生として死んでいる存在なのだろう。（中略）錯覚というより、ありえない真実とすべきかもしれないこの正確な逆転現象こそ、信太郎を不意撃ちした海辺の光景にほかならない。「一つの〝死〟が自分の手の中に捉えられた」とは、こうした正確な逆転現象を、避けがたい生の体験として自分のものとしたということにほかならぬはずだ。(22)（傍点—引用文）

「頸にホウタイを巻いた男」の精神疾患が何であるのかは判然としないが、蓮實が「信太郎をどこまでも怯えさせる」と捉えたのは、昼夜逆転現象は信太郎の母親にも当て嵌まることを想像したからであろう。その「怯え」とは、すでに「老耄性痴呆症」と診断されている母チカが、昼を昼として、夜を夜として認識することができなくなり、正常な時間感覚が保持できなくなる怖れに他ならない。信太郎の母はそのような深刻な事態に陥っている可能性が高いといわねばならない。注目すべきは、蓮實が「頸にホウタイを巻いた男」が母の死亡時刻を確定できなかったことを批判しているのではなく、その男の時間意識の「とり違え」に「生」と「死」が逆転する構図を読み取り、その「逆転現象」から信太郎が母の死を受容せざるを得ない必然性を導き出していることである。

単に、信太郎が母の死を確認しただけではなく、その死を「自分のものとした」という蓮實の指摘は、テクストの最後の一文、「一つの〝死〟が自分の手の中に捉えられたのをみた」という表現を一部、反復しているようにも思われるが、決してそうではない。母の死を所有する信太郎の意識の出所を明らかにしているからである。

3 「一つの習慣」の発見

このテクストのさまざまな場面に散りばめられた「白」という色彩がテクストの文脈形成に大きな役割を果たしていることは容易に確認することができる。テクスト冒頭に、早くも「石灰工場の白い粉」の「白」を認めることができる。その「白」は「白い角砂糖のような病院」にも使用され、「精神病院」に勤務する職員の「白い診察衣」や「看護師の白い帽子」の「白」とも連動している。

信吉親子が車で母が入院している病院に向かう途中では、「トサカまで真白くほこりを浴びたニワトリ」が登場し、母の具合を尋ねる信太郎の質問に、車内の「信吉は口の端に白く唾液のあとをのこしながら」答えている。その信吉が金策のために帰郷した「Y村の実家は白い土塀にかこまれて」いた。信太郎に母親の年齢を尋ねる医師は「色の黒い医者」であるが、一年前に、母を入院させたときに診察に当たった当時の医師は「色の白い丸顔の男」と形容されている。

あるいは、この「白」は母の死亡時刻を予言する「頸にホウタイを巻いた男」の「ホウタイ」の白を想起させ、施設内に留まる時間が長く、陽射しを浴びることが少ない男は「色の白い看護人」とも形容されている。病室の陶器の便器の色もまた「白」であり、その便器の横に束ねて積み重ねてある「洗いさらした古布」が母に使用されている「おむつ」であることを信太郎が後に知ることで、もはや、母は自力では排泄処理ができなくなっていることも見えてくる。母の頭髪が「刈り上げた白毛」になっていたことにも注目しておいてよい。想像を逞しくすれば、テクスト冒頭部分の「石灰工場の白い粉」から荼毘に付された後の母の遺灰を連想することもできなくはない。

すでに、言及しておいたが、「堪えがたいその臭気のなかで信太郎は、糜爛した母の軀のあちこちの瘡口や膿に濡れたガーゼをおもいだ」していた。ここで使用された「ガーゼ」は、おそらく、「白」に違いなく、そして、その「白」い「ガーゼ」は、「膿」で一部変色していることは容易に想像がつく。さらにいえば、テクストには描かれることはなかったが、「白」は死後、遺体と化した死者の顔を覆う「白」の打覆いを想像することもできるだろう。このように、「白」の色彩はさまざまな場面で、母の死に至る文脈を形成する重要な役割を担っているのである。

さらに、テクストに描かれた語彙分析を続けよう。「光」という語彙は「高知湾の海がナマリ色に光っている」という描写にも確認することができるが、その「光」は信吉の「小さな眼」が「力のない光」を放っている「光」と同じ語彙でありながら、信吉の「眼」に仮託されているのは病床の妻の看護に向かう疲労感だけではなく、その「光」に「力がない」ことで、戦後をかろうじて生きている信吉の無力感も表象しているのであろう。この「光」は「精神病院」に入院中の患者が外部世界を懐かしむかのように、あるいは、外部に出ることを欲望するかのように、その顔を「金網にぴったり寄せ」ながら外を見詰める「光った眼」に受け継がれていく。さらに、母が「急に眼を光らせ」るその「光」は、母が「不気味な」存在と化していることの証左でもあるだろう。

しかも、母に提供されるのは「食事」ではなく、「食餌」なのである。「餌」という文字は浜口家が飼育していた「ニワトリの餌代」や父親が食事の際の顔つきが、「せきこんで餌を喉につまらせたトリが仰向いたときの顔に似ていないものでもない」と描写されているときの「餌」と同じ語彙なのである。この「餌」という語彙は、すでに、母は人間性を剥奪された動物的存在と化していることを示唆しているのである。

思えば、浜口家が「養鶏」を始めるのは一九四五（昭和二〇）年の東京大空襲によって世田谷の自宅が焼失したことと密接に関係していた。敗戦後の生活に困窮していたこの家族は、母方の叔父が貸してくれた「鵠沼の別荘」で暮らすことになるが、その家計はかなり逼迫していた。浜口家の家計を支えているのは、信太郎の「服飾雑誌その他の翻訳の下受け」によって得た収入だけであって、それは「彼一人の配給物資を買える程度の金」でしかなかった。そこで案出されたのが「養鶏」によって収入を得ることであった。信吉の「Y村の実家」は旧家であって、経済的支援を期待して信吉は一時帰郷するが、持ち帰ったのは「ニワトリを入れた籠を一つさげてきただけ」であったことから「養鶏」問題が発生する。その後、一家は「二十羽ほどのトリを買入れ」ることになる。しかし、浜口家の「ニワトリ」飼育の目的は、次のようにまったく食い違っていたのである。

母はもっぱら何とかして鵠沼の家に居のこる手段として養鶏をかんがえたのだが、父にとってはトリを飼うことそのものが目的だった。そして信太郎は、そのどちらにもまったく無関心だった。

浜口家の亀裂はこの「養鶏」と向き合う家族それぞれの意識の違いから生じたといっても決して過言ではあるまい。母だけは「養鶏」を生活の手段として考えていたが、信吉と信太郎はそれぞれ別の考え方をしていたのである。とりわけ、信太郎は「トリ」を飼うことそれ自体に「無関心」だったことは注目に値する。母は「養鶏」こそが浜口家を経済的に救済する可能性があることを夢見ていたにも拘わらず、夫と息子がそれぞれ異なる考え方をしていたことで、その道すらも完全に絶たれてしまったのである。その結果、家族の困窮する生活が一向に改善されず、そのことがひとつの原因で、母の経済的不安が増大していったのである。仮に、信太郎が母の考え方に同調し、父も含め、家族全員が「養鶏」に励み、それなりの収益を獲得することができていれば、母の経済的不安は多少なりとも緩和されたはずである。事によれば、母は入院せずに済んだのかも知れない。

しかし、浜口家にも戦後、安定した時期がまったくなかったわけではない。その時期は、語り手が「朝鮮で動乱がはじまった。そのころから、一家が鵠沼をはなれるまでの二年間あまりは、家じゅうが戦後でもっとも明るく暮らした時期だったといえる」と語っているように、信太郎が「翻訳の下受け」仕事に加え、「織物会社の嘱託」に、信吉が「駐留軍の病院の施設でカードの整理係」に雇用され、給与所得者となれたのも、そして、信吉の給与の一部で母チカが「酒と菓子」を購入して、食卓を賑わせて家族全員が喜ぶことができたのも、朝鮮戦争（一九五〇―一九五三）の特需景気の賜物に他ならない。「養鶏」問題とは別に、母親のもうひとつの生活の不安要素は、家族が安心して生活できる住居が確保されていないことに関係していた。というのも、敗戦後、浜口一家が暮らしていた鵠沼の叔父から提供された家は立ち退かなければならなくなっていたからである。そして、母チカが語っていたように、それが事実かどうかは判然としないが、その所有権が叔父から第三者に渡り、浜口家はその家から「追い立て」られ、「家屋不法占拠で告訴された」ことで、一家は住む場所すら確保することが困難になっていたのである。つまり、「ニワトリ」を生活・生産手段として飼育できなかったことが、母に経済的不安を誘発し、東京で住むべき住居を失ったことで、母の不安はより一層、増大し、その結果、彼女は「精神病院」に入院しなければならなくなったのである。

このテクストは現在時に、時々、母親に関する過去の出来事が挿入され、信太郎が母の存在を想起する構成になっている。そのような構成から浜口家の不幸な過去の出来事が現在の深刻な事態を規定していることが自ずと見えてくる。母と信太郎との濃密な関係を把握するためには、彼ら二人の過去から現在に至る記憶の連続性に注目し、と同時に、その差異についても検討しなければならない。

信太郎は子供のころから母の歌で悩まされた歌詞の一つをおぼえている。「おさなくして罪をしらず、むずかりては手にゆられし、むかし忘れしか。春は軒の雨、秋は庭の露、母は泪かわくまなく祈るとしらずや」というのがそれだ。いわばそれは彼女のテーマ・ソングだった。どうかすると一日のうちに何遍となく繰りかえしてその歌をうたった。たぶんそれは半ば習慣的、無意識のものだったにちがいない。

母チカは入院後も他の記憶をすべて失っているにも拘わらず、彼女は引用した歌詞だけは確実に記憶に留めている。この歌詞が物語っている母親と子供を、母チカと息子信太郎に置き換えた場合、次に引用する場面にも言及しておく必要があるだろう。

彼（信太郎―引用者）が母にあるウトマシさをおぼえるようになったのは、そのころ（父が飼い始めた一羽のニワトリが猫に襲われ死骸となって発見された頃―引用者）からだ。昼間、寝ている枕もとに黙って意味もなく坐りこまれるときは、ことにそうだった。母にすれば、無意識に習慣的にそうしているにちがいないのだが、おもうまいとしてもそんなとき母の体に「女」を感じた。

信太郎は子供の頃からひとり息子の自分を過剰に思う母親の心情を、父親がニワトリを飼い始めた頃に、改めて別の視点から自覚するようになっている。母が「無意識に習慣的」に信太郎に寄り添う行為に、彼は「ウトマシさをおぼえるようになっ」ているのである。そのような意識を抱くようになった信太郎が「タバコ」を吸うために病室を出て、海辺にいた「狂人の女」と出遭い、彼女から自分の母親は「エエひとや」という言葉を何回も聞き、彼女が母に好印象を持っていることを知ることになる。そして、信太郎は彼女との会話をきっかけに、次のような結論を導き出すのである。

母親にとっていったい自分が何であるのか、母とは何であり息子とは何であるのか、問いかえしたい衝動を子供心におぼえたものだ。（中略）要するに、母と子を結びつけているのは一つの習慣であるにすぎない。けれども、その習慣にはそれなりの内容が別に一つあるということだ。

信太郎は母の記憶に残り続けている「情緒」的な歌詞に象徴される息子を思う過剰な心情に対置するべく、母子関係を「一つの習慣」として捉えている。その「習慣」は、母がわが子を思う母性とは区別された意識的なそれに他ならない。さらに、信太郎は「その習慣にはそれなりの内容が別に一つある」とも考えているのである。ならば、「それなりの内容」とは何か。

「それなりの内容」と呼応するのは、このテクストの文脈からいえば、「息子はその母親の子供であるというだけですでに充分償っているのではないだろうか？」[23]という疑問符付きの信太郎の考え方であろう。確かに、父親が帰還してくるまで、「信太郎母子にとっての最良の月日」を彼らは共有していた。しかし、信太郎の母への思いは別のところにも潜在していたのである。

信太郎は「母親の情緒の圧しつけがましさ」を、〈いま・ここ〉、高知の海辺で「一つの習慣」として相対化したことで、新たな自己を発見し、母を文字通り、他者として位置づけたのである。ただ、信太郎の「習慣」という認識に問題があるとすれば、そのような認識は偽って母を精神病院に入院させたことへの自己弁護に転化できることである。

4　生成変化する海辺

信太郎と母との関係は、彼が母の死の前日に見る夢の内容にも表出している。その夢は次のように描かれている。

——あたりは暗く、ゆれうごいている水ばかりであり、自分は岩のようなものの上に乗っている。ときどき水の底で動いている風が重苦しく自分にぶっつかって、ふと見ると、自分が乗っているのは岩ではなく、海亀のように甲羅の固い動物の背中なのだ。その夢の中で彼は未だ子供のころ、海で母に水泳を教えてもらったことを憶い出していた。母に水の中で眼を開いているように云われ、そのとおりにすると緑色の水を透して、すぐそばに黒い大きな母の体がゆらゆら揺れている……。

大貫虎吉は、この場面に描かれた「夢の中の水を母親の子宮の〈羊水〉として捉えることもできる」[24]と指摘している。正しい見解である。重要なのは、その水の「緑色」は母の病室の色と見事に合致していることである。その色は「病棟内部の壁」や「窓枠や鉄格子」、そして、「金網」が「すべて淡い緑色に塗られ」ていることにも通底している。さらに、病院側が母に用意した部屋は信太郎が期待した「小奇麗な個室」ではなく、他の入院患者たちと同室の大部屋であり、その部屋の「鉄製の扉」と「門」の色もまた「淡いみどり色」なのである。漢字とひらがなの文字表記の違いはあれ、この色彩は「人間の心を落ち着かせる色だと信じられているにちがいない」と信太郎に内的焦点化する語り手の推測に反し、信太郎が見た夢の中の「緑色」とは区別された現実のその淡い色彩は、母チカと信太郎との間には、もはや埋めようもない距離が生じてしまったことを明示しているのである。

信太郎は幼児の頃に水泳を習う夢の中で無意識の世界に下降し、そこで母に出逢い、母から「水の中」で「眼を開いているように言われ」、「黒い大きな母の体」を確認している。おそらく、その「母の体」の黒という色彩は間近に迫っている母の死を暗示しているのであろう。信太郎が見た夢の中の「海」はこのテクストの最終場面の海にも繋がっていると見るべきであろう。テクストの最終場面を読んでみよう。

信太郎は、ぼんやりそんな考え（「母親はその息子を持ったことで償い、息子はその母親の子であることで償う」という考え方―引用者）にふけりながら運動場を、足の向く方へ歩いていた。――要するに、すべてのことは終ってしまった――という気持から、いまはこうやって誰に遠慮も気兼ねもなく、病室の分厚い壁をくりぬいた窓から眺めた〝風景〟の中を自由に歩きまわれることが、たとえようもなく愉しかった。（中略）そのとき、いつか海辺を石垣ぞいに歩いていた信太郎は、眼の前にひろがる光景にある衝撃をうけて足を止めた。

岬に抱かれ、ポッカリと童話風の島を浮べたその風景は、すでに見慣れたものだった。が、いま彼が足をとめたのは、波もない湖水よりもなだらかな海面に、幾百本ともしれぬ杙が黒ぐろと、見わたすかぎり眼の前いっぱいに突き立っていたからだ。……一瞬、すべての風物は動きを止めた。頭上に照りかがやいていた日は黄色いまだらなシミを、あちこちになすりつけているだけだった。風は落ちて、潮の香りは消え失せ、あらゆるものが、いま海底から浮び上った異様な光景のまえに、一挙に干上って見えた。歯を立てた櫛のような、墓標のような、杙の列をながめながら彼は、たしかに一つの〝死〟が自分の手の中に捉えられたのをみた。


信太郎は海辺に出て、「窓から眺めた〝風景〟の中を自由に歩きまわ」っている。彼は観念的に疎外されたもうひとりの自分を見詰めているのだ。この場面でも、信太郎は観察者として存在しているのである。風景の中での「自由」とは信太郎が自然と一体化することで、ようやく母の存在から解放された謂いに他ならない。しかし、その「自由」を感受した次の瞬間、引潮によって、「歯を立てた櫛のような、墓標のような、杙の列」が信太郎の視界に入ってくる。観察者としての信太郎と客体としての自然が明確に分離した瞬間である。

篠田一士は、「海辺の光景」が「意味をもつ瞬間」は「信太郎が参加者であることによって劇がはじめて完成されたときである」[25]と述べているが、それは、信太郎が眼に映った自然の風景を主体的に認識した光景に切り替わった瞬間に他ならない。「杙」を「墓標のような」と形容することで、その「杙」は母の死を弔う装置に見立てられている。[26]「杙」の色が「黒ぐろ」としているのは、その色彩が喪を象徴しているからであろう。「黒」という色彩は鵠沼の借家の立ち退きを要求した「浅黒い顔の男」の「黒」や「家屋不法占有」で告訴され、それを通知する封筒の裏に記されていた「横浜地方裁判所」の活字の「黒」、さらに、母の臨終の時刻を告知した医師の「浅黒い脂気のない皮膚」の「黒い」色とも結びつく。思えば、信太郎が見た夢では、「黒い大きな母の体」にも「黒」は使用されていた。

　このように、「黒」は浜口家にとって不幸な出来事を表象する色彩なのである。そして、すでに分析したように、「白」は母の死に至る流れを示唆する色彩であった。「白」と「黒」の二つのモノトーンの色彩は、母の死に至る文脈を形成するために散りばめられているのである。テクスト最後の場面には、信太郎が「杙」を眺めることで、母チカの非在＝存在を完璧に所有したことが見えてくる。信太郎が一貫して「感慨」や「情緒」とは無縁な観察者として在り続けたのは、この「杙」に向き合うための長い助走であったのかも知れない。

　信太郎が一貫して観察者として造型されていることは、一種異様という他はない。それは母の死に接した際においても同様である。一般論として、母の死に直面した息子は感情的、「情緒」的になるのが極めて自然な振る舞いであろう。にも拘わらず、信太郎は母の死を看取った際にも「情緒」を徹底的に抑制する人物として描かれている。伯母は「嗚咽の声」を上げるが、父は「大きな頭を両手にかかえこんで」いるだけである。しかし、信太郎は「人が死んだときには泣くものだという習慣的な事例」に「不愉快になって」いる。信太郎は「泣くものだという習慣」に反発し、彼が悲哀の感情を表に出すことはない。

すでに指摘しておいたように、信太郎が反「情緒」的な人物[27]として造型されていることが、母の臨終の場面でも十二分に活かされているといってよいだろう。このような手法が、「海辺の光景」は作者安岡章太郎の自己体験を踏まえてはいるものの、このテクストを私小説と捉えることができない最大の理由なのである。[28]

『群像』の初出では、「……」の後は、「人が死ぬのは干潮のときだ、といふ変哲もない言ひ伝へを想ひうかべながら、信太郎はいま海底から浮び出た異様な光景に、眼をひらかれたまま動くこともできなかつた。」という文章で終わっている。そして、最後に「(完)」と付されている。信太郎が視覚的存在であり続けているのは初出でも変わらないが、『海辺の光景』(講談社、一九五九・一二)や『安岡章太郎集 5』(岩波書店、一九八六・八)に収められた決定稿では先に引用しておいたように、大幅に加筆・修正され、「(完)」は省略されている。

改稿された箇所に注目すれば、それまで機能していた信太郎の皮膚感覚と嗅覚機能は、その瞬間、完全に停止したことが、より鮮明に我々読者に伝わってくる。彼は文字通り、視覚だけの存在と化しているのだ。そのような時間が停止した「風物」こそが、「海辺の光景」の核心部分に他ならない。生成変化する海辺の風景は信太郎の視線によって、あたかも静止画像のようにくっきりと切り取られ、それが彼の脳裏に深く刻印されることで、それまで見慣れた海辺《うみべ》の風景は光景に改変されたのである。

おわりに

かつて、江藤淳は『海辺の光景』最後の場面に関して、次のように述べていた。

信太郎は、「歯を立てた櫛のような、墓標のような、杙の列をながめた」次の瞬間に、彼が「自然」のなかでではなく「社会」というもののなかで、つまり人と人とのあいだで生きて行かなければならぬことを自覚しなければならなかった。そこにしか彼の「成熟」の場がないことを、そしてこの人と人とのあいだで「自由」に生きるとはどういうことであるかを、彼は身をもって示さなければならなかった。(29)

想像するに、母の死を確認した直後の信太郎の心境は文字通り、空虚感を抱く他はなかったはずである。そして、そのときの彼はただ海辺に佇むことしか、為すすべはなかったはずだ。しかし、江藤が信太郎に促したのは、彼は「社会」のなかで生きて行くことを自覚すべきであり、そこに信太郎の「成熟の場」がある、という提言であった。おそらく、江藤が言う「社会」とは自立した諸個人の社会的諸関係の総体を指しているといってよいだろう。つまり、江藤の考え方には、近代的人間観・社会観が反映しているように思われるのである。確かに、信太郎が案出した「一つの習慣」は子供のとき以来の母との濃密な関係を総括した個人的な納得の仕方であり、病室で感じた「自由」も母の死によってもたらされた個人的な感情であって、江藤が言う意味での「社会」に即直結するわけではない。

しかし、江藤の人間観・社会観とは別に、「人と人とのあいだ」という文言について、精神病理学者の木村敏は次のように把握していた。即ち、「人と人とのあいだ」とは「そこから自分と相手とがそれぞれ独立の「人格」として分離して出てくる、その源のような場所を指している(30)」と述べているのである。明らかに、木村の考え方は江藤のそれとは異なっている。木村の考え方に従うならば、すでにこれまでの論述で明らかにしたように、信太郎は母との関係を「一つの習慣」と位置づけることで、その関係を一応は相対化していた。「自由」についても病室の「窓から眺めた〝風景〟の中を自由に歩きまわれることが、たとえようもなく愉しかった」という表現を踏まえれば、この「自由」は母の束縛からようやく解放された信太郎の心境と立場を意味している。

従って、信太郎にとって、母が入院した病室、とりわけ、病院近くの高知湾を臨む海辺こそが母と自分とを別つ、つまり、木村のいう「独立の「人格」として分離し」た「場所」であったのだ。その意味で、母の死を捉えたばかりの信太郎は、必ずしも江藤の提言を直ちに受け止める必要はないだろう。母を喪った息子の「成熟」は、彼の今後の生の歩みの只中で他者との関係性において検証されるべきだからである。

注1　『文藝春秋』(一九五六・一二)。

2　このテクストのタイトルの文字表記とルビ問題について纏めておく。「海辺の光景」の『群像』掲載時のタイトル表記は「海邊の光景」である。そのタイトルにルビは振られてはいない。本文は旧字旧かなで印字されている。一九五九年一二月刊行初版の箱入り講談社版では、箱の表と背、及び本体の表紙、背、扉のすべてに「海邊の光景」と印字されている。奥付けにタイトル名はない。いずれの箇所にもルビはなく、本文は旧字旧かなで印字されている。

講談社ミリオンブックス版（一九六一・九）でもタイトルは、「海邊の光景」であるが、その奥付けのタイトルに「海邊《うみべ》の光景《くわうけい》」とルビが付されている。本文はそれまでと同様、旧字旧かなが使用されている。このテクストが収録された『安岡章太郎全集 1』（講談社、一九七一・一）ではタイトルは新字でルビはなく、本文は新字旧かなが使用されている。作者自選の『安岡章太郎集 5』（岩波書店、一九八六・八）ではタイトルに新字が使われ、ルビはない。本文は新字新かなである。

しかし、すでに絶版となっている旺文社文庫（一九七八・三）の奥付けには「海辺《かいへん》の光景」とあり、角川文庫（一九七九・五）では「海辺《かいへん》の光景《こうけい》」、そして、今日、最も流通している新潮文庫ではカバー表紙に「海辺《かいへん》の光景」と明記されている。従って、現在、読者は「海辺の光景」は「うみべのこうけい」ではなく、「かいへんのこうけい」と読むことを強いられるといっても過言ではないのである。このように、このテクストのタイトルの文字表記とルビの振り方は微妙な変化を遂げてきたのである。

安岡章太郎は吉田精一との対談で、吉田の質問に次のように答えている。

吉田　あなたは今、「海辺」を「かいへん」と言われたが、『海辺《カイヘン》の光景』と読むのが正しいんですか、『海辺《ウミベ》の光景』、どっちが正しいんですか。

安岡　いや、どちらでも……。まあこれは非常にあいまいですけど。（「吉田精一連載対談―9―第三の新人と文学」『國文學』學燈社、一九六九・六。ゴチック、ルビ―引用文）。安岡の発言は「海辺」の読み方に「どちらでも」と言った後で一瞬、口ごもっている。「うみべ」と明言しないことで、安岡は「かいへん」と理解していたと推測することもできる。

3　平野謙「解説」（『新日本文学全集35　安岡章太郎集』集英社、一九六三・五、所収）。

4　小森陽一「多声的意味作用を呼び込む文字遣い」（『三田文學』二〇一四・八）。
5　中上健次「肉体的文学論」（『國文學』學燈社、一九七七・八）。
6　注4に同じ。
7　注4に同じ。
8　注5に同じ。
9　注5に同じ。
10　ルース・ベネディクト『菊と刀』（長谷川松治訳、社会思想社、一九四八・一一）。
11　注10に同じ。
12　注10に同じ。
13　和辻哲郎「埋もれた日本」（『和辻哲郎全集　第三巻』、岩波書店、一九六二・一、所収）。
14　杉本優「安岡章太郎――「海辺の光景」」（『国文学 解釈と鑑賞』至文堂、二〇〇六・二）。
15　四方田犬彦『海辺の光景』（新潮文庫「解説」、二〇〇〇・八）。
16　海老坂武「故郷の別れ　安岡章太郎『海辺の光景』」（『戦後文学は生きている』講談社現代新書、二〇一二・九、所収）。
17　注16に同じ。
18　大貫虎吉『母の死んでゆく病院』（創樹社、一九八九・七）。
19　注15に同じ。
20　注5に同じ。
21　三木成夫『海・呼吸・古代形象』（うぶすな書院、一九九二・八）。なお、ガストン・バシュラールは『水と夢　物質の想像力についての試論』（小浜俊郎・桜木素行訳、国文社、一九六九・八）で、フランスの精神分析学者マリー・ボナパルトの『ポーの精神分析』から「海はあらゆる人間にとって、母性的象徴のなかで最も大きく不変なもののひとつである」という一文を引用している。

22　蓮實重彥「安岡章太郎論　風景と変容」（『「私小説」を読む』中央公論社、一九七九・一〇、所収）。

23　石原千秋は「償う」という言葉の意味について、「家父長制資本主義下における核家族の逆説」を看て取っている。石原は「「息子には自分よりも立身出世してほしい」という父親が抱く夢を叶えるために、母親は父親嫌いの息子を育て上げる。息子は息子で、結婚による自らの所属する社会的な階層上昇に失敗した母親の、「あり得たはずの夫の姿」を立身出世の期待として引き受ける」と指摘している（「第五章　裏返された家族――安岡章太郎『海辺の光景』」『教養として読む現代文学』朝日新聞出版、二〇一三・一〇、所収）。

拙論では戦後の家族において、その息子に立身出世の夢を託す父母の一般論的な願望とは区別し、「償う」ことを「習慣」、つまり、母子関係を単なる日常性の反復として捉えた主人公の素朴存在論的な考え方を重視し、あくまでも母チカと息子信太郎の個別的関係の特徴を読み解いている。

24　注18に同じ。

25　篠田一士「安岡章太郎試論――「海辺の光景」をめぐって――」（『文學界』一九六〇年七月号）。篠田はこの論稿で、信太郎を傍観者と参加者にそれぞれ区別しつつ議論しているが、拙論では、自己の内面に向かう意識の指向性も含め、信太郎を観察者として位置づけている。

26　坂上弘は「杙そのものが、母チカの姿なのである」と解釈している。（「「海辺の光景」再読」『國文學』學燈社、一九七七・八）。そして、作者安岡は杙の描写に関連して、「戦争責任などという大きなものではなく、もっと些細な、卑小なものだ」と記している（「後書」『安岡章太郎集　5』所収）。しかし、拡大解釈をすれば、「幾百本ともしれぬ杙」という数値表現には、母の死を含む海辺の病院で亡くなった人々や遠く南の海で亡くなったアジア・太平洋戦争の犠牲者も含まれているはずである。「杙」が「真珠の養殖」に使用されていることからハワイの真珠湾《パールハーバー》を連想させるからである。

27　磯田光一は「安岡章太郎――戦中派の羞恥について――」（『近代文学』近代文学社、一九六三・一）で、信太郎は「ひとつの感性の場」となっていると述べている。拙論では、信太郎のさまざまな感覚器官を通じて形成される彼の「感性」の質が反情緒的であることを論証している。

28　四方田犬彦は「『海辺の光景』における「光景」とは実のところ、無意識的なるものによって内面化された光景であり、そこに私小説的な達観や観想がさし挟まれることはありえない」と指摘している（『海辺の光景』新潮文庫「解説」、二〇〇〇・八）。また、加藤典洋も『海辺の光景』は「「私小説」と似て見える。しかし「私小説」と全く違っている」と述べている（『ガラスの靴　悪い仲間』安岡章太郎、講談社文芸文庫「解説　小市民の眼――安岡章太郎の新しさ」一九八九・八）。しかし、加藤はこの小説が「私小説」ではない理由を明らかにしていない。

29　江藤淳『成熟と喪失――〝母〟の崩壊――』（河出書房新社、一九六七・六）。

30　木村敏『人と人との間　精神病理学的日本論』（弘文堂、一九七二・三）。

〔付記〕　本文の引用は『安岡章太郎集　5』（岩波書店、一九八六・八）所収の「海辺の光景」に拠った。

Ⅴ 自己救済の想像力

＊古井由吉の虚実往還──「雪の下の蟹」「長い町の眠り」

はじめに

一九六九（昭和四四）年一一月に、古井由吉は、平岡篤頼、高橋たか子、近藤信行たちが所属していた「白猫の会」の同人誌『白猫』一〇号に「雪の下の蟹」を発表した。このテクストは古井自身が一九六三（昭和三八）年一月の中旬から半月の間、下宿していた「印屋《はんこや》」の家の屋根の雪おろし体験をひとつの素材としている。その年の一月の北陸地方は大豪雪であった。一月中旬、金沢では積雪一三六センチを記録した。[1]当時としては、北陸地方では戦後最高の積雪だった。

この後に発表した「長い町の眠り」（『石川近代文学全集10　曽野綾子・五木寛之・古井由吉』石川近代文学館、一九八七・一一、所収）も同じく、古井の金沢での体験に基づくテクストである。この二つのテクストは一八年というかなり長い期間を隔ててはいるが、短編連作と呼んで差支えない内容を有している。

しかし、発表の時期とは異なり、描かれた出来事の時系列としては「雪の下の蟹」よりも「長い町の眠り」の方が先行している。古井は「長い町の眠り」について、次のような興味深い発言をしている。「エッセイズム──『特性のない男』(2)」から問題の箇所を引用する。

石川県の近代文学館というところが、『石川文学全集』というものを刊行しはじめました。その一巻に、金沢に縁のある作家として、五木さんと曾野さんと私が入ることになりまして、いままでの作品を収めるだけではつまらないから、何か一本書いてくれないかといわれて、五十枚の小説を書きました。原稿を渡して、校正刷りの手入れをして、さて本が出てびっくりしたのは、「書き下ろしエッセイ」と銘打ってあるんです。エッセイと取り違えられて、文句のひとつも言うところかなと、よくよく考えたら、いや、これは無理もない、自分の狙っているところでもあるから、半分は喜ばなければいけないかと、そう思ってあきらめました。

古井は小説として書いた内容をエッセイと判断され、『石川近代文学全集』に収録され、その措置に驚いたものの、それは、古井が「自分の狙っているところでもある」と半ば納得しているのである。さらに、古井は「ほんとうに虚構があらわな姿を見せるのは、むしろ小説がエッセイに限りなく近づいたところではないのか、そんな考え方をしています(3)」とも述べている。

重要なのは、古井が言う「小説がエッセイに限りなく近づいたところ」とは、虚構《フィクション》を排除した、いわゆる私小説という文学形式を想定しているわけではない、ということである。というのも、古井は私小説を書くことについて、次のように語っているからである。

私小説を書くと、だんだんに「虚」を排除していきますね。できるだけ「実」のほうへ近づけていく。ただし、私小説といえども、「書く」ということ自体がすでに虚構でありますから、現実そのものではない。現実そのものを書いてしまったら、とても表現というものはありえない。どこかでいろいろな意味の虚構があるわけです。(4)

現実そのものと言語によって表現された小説世界が異なることは自明であって、このような古井の創作観は、別段、特別な考え方ではない。たとえば、古井の創作観を先取りしていたひとりは、文芸評論家であり、作家でもあった中村光夫である。中村の考え方を次に引用しておこう。

現実はこれを言葉で詳細に表はさうとすればするほど、筆者の創作になつて行くといふ性格を帯びてくるので、現実の生き生きした再現とみられる文章は必ず仮構なのです。この意味から云へば、すべての小説は、仮構であり、私小説も例外ではないのです。(5)

古井と中村は、ほぼ同じことを主張している。彼らは、小説を書く行為それ自体が虚構《フィクション》を生み出すと考えているのである。小森陽一は、この考え方をさらに一歩押し進め、「現実らしく思える言葉を使うから、現実的になるのであり、虚構らしく思える言葉を使うから虚構的になる」と主張し、「らしさなどというものは、それぞれの言語体系の歴史的・社会的・文化的偶然性で決定されているにすぎない」(6)(傍点―引用文)と述べていた。小森は、いわゆる歴史相対主義、言語構築主義に立脚し、現実も虚構《フィクション》も言葉の使用の仕方、つまり、文体の問題として把握しているのである。虚構《フィクション》は固より、小説が描く現実というのは対象とする現実を言葉によって切り取り、表現に転化した限りでの現実に他ならない。しかし、その一方で、古井は先に引用したエッセイで次のような考え方も披歴している。

小説がいくらエッセイに近づいても、エッセイと違うところはやっぱりあるのです。物語性をいったん捨てて、もうエッセイと同じ気持で書いていっても、全体にどこかに物語の枠が存在します。(7)

古井が言う「物語の枠」というのは、物語における構造と言い換えることができるだろう。そこで、考えるべきなのは、「雪の下の蟹」と「長い町の眠り」を虚構《フィクション》と現実の言葉の使用の仕方という観点から比較・検討し、これらの小説世界の構造を明らかにすることである。その結果、古井の文学の方法の一端を明らかにすることができるはずである。その手掛かりとして、「雪の下の蟹」の冒頭部分と「長い町の眠り」のそれと比較・検討することから始めよう。

1　現実らしい言葉

「雪の下の蟹」は、主人公の「私」が東京から一月中旬に金沢に戻った場面から始まっている。

正月を東京で過して、一月もなかばにもどって来ると、もう雪の世界だった。駅を出るとちょうど雪が降りやんだところで、空は灰色に静まり、家々の屋根の柔らかな白が、夕暮れの中に融けこもうとしていた。（中略）途中、重い荷物に苦しんでようやく下宿の印屋《はんこや》の店先にたどり着くと、主人が印を彫る手を止めて、「いや、ひどい降りでしたよ、先生」と言って私を迎えた。

下宿に辿り着いた「私」は下宿先の主人から「「いや、ひどい降りでしたよ、先生」」と語りかけられているが、「北陸線が不通になって金沢が孤立してしまった」「地方気象台はじまって以来の積雪量を記録」と、「私」が語っていることと併せて考えると、先にも記したように、その時期は昭和三八年一月であることは明らかである。しかし、「私」は明確な時期を語ってはいない。しかも、「あの頃、学生という身分をようやく切り上げたばかりの私」という自己言及的語りから、このテクストは、一九六三（昭和三八）年一月当時の金沢での「私」の体験を、現在時から振り返って、事後的に語っていることが見えてくる。現在時は、このテクストが発表された一九六九（昭和四四）年と考えてよいだろう。一方、「長い町の眠り」の冒頭は、次のように書かれている。

金沢の大学に私が赴任したのは昭和三七年の春になる。四月初めの晴れた日曜日に、上野を朝九時の特急「白鳥」で発ち、金沢には暮れ方の五時に着いた。駅前から車を拾って、橋場町は浅野川大橋の手前まで来た。その先も迷わず、まもなく材木町七丁目の中村印房の店先《みせさき》に立った。

この冒頭で描かれているのは、「雪の下の蟹」を発表した前年の春のことである。「昭和三七年の春」というように、年代と季節が明確に書き込まれている。「雪の下の蟹」の「私」も同様のルートで、一月中旬に「上野」から「金沢」に戻ったのであろう。冬と春、季節は異なるが、「雪の下の蟹」での「下宿の印屋《はんこや》の店先」は「長い町の眠り」では、「材木町七丁目の中村印房の店先《みせさき》」と書かれている。「印屋《はんこや》」と「印房」の表記の違いはともかく、後者のテクストの方が、年代や住所、さらに印房の名称が具体的なので、ほぼ事実に即しているといえよう。その事実は古井の自筆年譜(8)で容易に確認することができる。

「私」の氏名と年齢は、「雪の下の蟹」では確認することはできない。しかし、この「私」は作者古井に限りなく近い人物と見做してよいだろう。古井の自筆年譜と照合すれば、その年齢は二六歳である。そして、ある日、この「私」が「大学にたどりついて教官控室に入ると」と、語る場面がある。教授控室ではなく、「教官控室」というからには、「私」の職業は、一九四九(昭和二四)年に発足した金沢大学の教員ということになるはずだ。事実、古井は一九六二（昭和三七）年に東京大学大学院修士課程（ドイツ文学専攻）を修了後、同年四月に助手として金沢大学に赴任している。

「雪の下の蟹」と「長い町の眠り」には、金沢大学という名称こそ書き込まれてはいないが、後者のテクストには、「私」の下宿先から「勤め先の城内の大学まで青年の足では歩いて五分で着いてしまう」と語られているので、その大学が金沢大学であることは明らかである。作者古井は、小説の主人公である「私」の氏名、年齢、職業は自由に仮構してもよいはずであるが、少なくとも、「雪の下の蟹」では、それらについては一切書き込んでいない。同じく、「印屋《はんこや》」の名称も、そこの主人夫妻の固有名も同様の措置が取られている。登場人物たちのなかで、唯一、固有名が与えられているのは、主人夫婦の二人の娘だけである。娘たちの名前が本名であると断定することはできないが、主人、つまり父親が娘たちに「おおい、誰か下に立て。ふみえはおらんか。ゆきえはおらんか」と、屋根に積もった雪をおろす際に下に人がいては、雪が落下し、危険なので声をかけている場面に、その名前が登場するのである。

事実に即せば、この主人の苗字は「中村」のはずであるが、苗字は伏せられたままである。主人夫婦には二人の娘の他に中学生の男の子もいるが、その男の子にはどちらのテクストにも名前が与えられていない。「長い町の眠り」では、「居間のほうで、家族五人、主人《あるじ》夫妻と中学生の男の子と小学生の女の子二人と、一緒の夕食となった」と語られている。ここでは「ふみえ」「ゆきえ」ではなく、「小学生の女の子二人」と一括されているだけである。いわば、娘たちの名前に関しては、これらの二つのテクストは異なる関係にあるといえるのである。

小説の舞台である金沢市内の描写に眼を転じれば、確かに、「雪の下の蟹」には市内を流れる「犀川」と「浅野川」、さらに、「犀川」に架かる「上菊橋」の名称を確認することができる。しかし、金沢市内の他の地名は見ることができない。一方、「長い町の眠り」には、「石川門」「兼六園」「香林坊」「浅野川大橋」「尾張町」「橋場町」など数多くの金沢に関する名称を確認することができるのである。「長い町の眠り」は、「私」が金沢大学に着任した当時の人間関係と街の様子を語っているので、下宿から大学までの通勤ルートを示すために、バス停の名称も含め、地名を書き込むことは小説の枠組みを構築する上で、必要不可欠の措置であったのだろう。

「私」が金沢で出会う人物の固有名も書き込まれている。たとえば、「私」が着任の挨拶に出かけるのは「主任教授の小原度正」(9)宅であるが、この「小原」は、当時、金沢大学法文学部教授の小原度正であって、ドイツ語学を専門とする実在の人物である。「私」は座敷で、その小原から「手塚先生はお元気で、と東京の主任教授のことをたずねられ」るが、その「手塚」は当時の東京大学教授、ドイツ文学研究者として著名な手塚富雄に他ならない。「私」は、小原教授を「上品で温厚な人だった。(中略)話が跡切れるたびに、教授の顔にひとりでひろがる、おかしそうな笑みがのちのちまで印象にのこった」人物と評している。

あるいは、「私と一緒に着任した富岡氏」は「小石川関口台の高校」でドイツ語を教えていた富岡近雄(10)その人である。その高校というのは私立独協学園高校である。古井は後に、都立日比谷高校に転学するが、一六歳の時に私立独協学園高校に入学し、富岡からドイツ語を学んでいる。富岡近雄は東京大学文学部ドイツ語学科卒の研究者で、一九六二（昭和三七）年に金沢大学法文学部に着任している。先にも触れたように、同じ年に古井由吉は同大学に着任している。「長い町の眠り」は、実在する地名、人名を明確に書き込むことで、小説としての〈現実〉らしい骨格をかたち作っているのである。

先に引用した小森の考え方に従えば、このテクストは「現実らしく思える言葉」を使用しているので現実的になるのである。従って、「長い町の眠り」を読んだ読者は、この小説を虚構《フィクション》を排した現実的なテクストとして受け止めるのである。

一方、「雪の下の蟹」の描き方については、後に詳細に分析・検討するが、「長い町の眠り」のそれとは根本的に異なっている。結論を先取って言えば、「雪の下の蟹」は事実から距離を取って、抽象的、象徴的な言葉を使用しているテクストである。つまり、「虚構らしく思える言葉を使うから虚構的にな」っているテクストなのである。「雪の下の蟹」を分析・検討する前提として、さらに「長い町の眠り」について検討を進めよう。

2　生の厚みの創出

古井は「長い町の眠り」を発表する数年前に『東京物語考』（岩波書店、一九八四・一二）と『「私」という白道《びやくどう》』（トレヴィル、一九八六・一二）を刊行している。前者は、そのタイトルからも分かるように、東京を舞台にした小説についての文学的エッセイである。徳田秋聲、正宗白鳥、葛西善蔵、宇野浩二、嘉村礒多、永井荷風、谷崎潤一郎の代表的な小説を取り上げ、古井が私見を述べている。さらに、古井は自らの略歴に言及している。後者も文学的エッセイであるが、先のエッセイで取り上げた葛西、嘉村に加えて、夏目漱石と太宰治の小説について言及している。つまり、一九八〇年代の古井は、主に自然主義の作家、私小説作家の小説を読んでいたということになるのである。

そして、注目すべきは、古井が『東京物語考』と『「私」という白道《びやくどう》』を刊行する間に「踊り場参り」（『新潮』一九八五年九月号）を発表していることである。つまり、古井は自然主義、私小説系統の文学から現実の描き方を学び、その方法を活かして「踊り場参り」を書くに至ったと推測することができるのである。

「踊り場参り」は徳田秋聲の短編「町の踊り場」（『経済往来』一九三三・三）の舞台となった金沢の町を古井が探訪し、秋聲が描いた世界を追体験し、そこに古井自身のかつての金沢体験を重ねることで、秋聲文学に対する批評性と古井自身の自己批評性を獲得しているテクストである。「踊り場参り」が如何に「町の踊り場」を引用し、再構成した上で成り立っているのか、この問題ついては、すでに、西田谷洋が語りの構造を視点として両テクストの差異を含む対応関係について詳細に分析・検討している。

西田谷は先行研究を批判的に検討し、「町の踊り場」には「東京＝流動、金沢＝不動」として描く表現が見て取れる」(11)と述べているが、テクストにはそのような二項対立から逸脱する表現があることも指摘し、必ずしも「東京／金沢＝流動／不動という図式は、テクスト全般を強固に統括しているわけではない」[12]と結論づけている。また、大木志門は「町の踊り場」を長いスランプからの秋聲復活のテクストと位置付け、同時代評を紹介し、このテクストの構造を明らかにしている。大木は「東京＝流動、金沢＝不動」の二項対立の枠組みそれ自体は否定せず、その二項対立の属性内容を具体的に明示している。大木は、東京に「動的属性（都会・活動・喧騒・生）」が、金沢に「静的な属性（伝統・停滞・静謐・死）」が「付与されている」[13]と解釈しているのである。

このように西田谷と大木の「町の踊り場」を分析する視点に若干の差異はあるが、両者の考え方は「雪の下の蟹」と「長い町の眠り」について考える際に、有効な手掛かりを与えてくれるように思われるのである。古井の二つのテクストの関係について検討する前に、「長い町の眠り」がこれまでどのように評価されてきたのか、まずそのことを振り返っておこう。

「長い町の眠り」を収録した短編集『長い町の眠り』（福武書店、一九八九・五）の主題《テーマ》について、三浦雅士は「記憶がとらえた戦後」[14]といった理解を示している。高橋敏夫は「戦後四十年のいわば「生きられたモノと街」を、記憶の考古学とでも称すべき手法のもとに描破している」[15]と主張している。和田勉は、この短編集には「過去の生活のある場所、ある場面を切り取った自伝的な、随想的な作品」[16]が収められていると指摘し、各短編の梗概をまとめている。彼らは主に『長い町の眠り』を記憶の物語、自伝的小説と位置づけているのである。

もちろん、彼らのこのテクストの主題《テーマ》それ自体の理解は誤ってはいない。しかし、重要なことは、古井が「雪の下の蟹」を書いた後で、かなり長い時間を経て「長い町の眠り」を書いたことである。「町の踊り場」と「踊り場参り」の間テクスト的関係を見据えて、今度は、古井が「雪の下の蟹」に描いた世界を「長い町の眠り」を書くことによって、「町の踊り場」と「踊り場参り」と相即的な関係ともいえる間テクスト性を自ら表現・実践したということなのだ。そこに古井の文学の方法の一側面を看るべきなのである。

ここで言う間テクスト性は、秋聲文学の特徴に言及した古井の言説を援用していえば、「時間の厚み」[17]によって支えられているのである。その「時間の厚み」を時間の経過に従って生成変化する個人の生の歩みと読み替えてもよいだろう。「長い町の眠り」で「あれから二十五年も経って、私も五十の坂にかかり、あの晩の教授（小原度正—引用者）の笑みがようやく、わかる気がしてきた」と語られているように、「長い町の眠り」は、過去の「私」が抱いた人物像を現在の「私」の視点から把握し直すことができるようになったことで、「私」の「時間の厚み」、つまり、「私」の人間としての生の厚みが見えてくるテクストとして成立しているのである。さらにいえば、長い時間の経過は必然的に人の死にも深く関わることにならざるを得なくなる。例えば、このテクストには、下宿先の「印房」の主人も小原教授も今は亡き人となっていることが語られている。その意味で、このテクストの語り手であり、書き手でもある「私」は過去の記憶を現在に召喚することで、過去と現在を自由に行き来する人物として位置づけることもできるのである。

古井が「踊り場参り」を発表した同じ年の一九八五年に、『告白のレトリック——20世紀初頭の日本の私小説』（カリフォルニア大学出版、一九八八年）の著者として知られている日本文学研究者のエドワード・

ファウラーは葛西善蔵「朝詣り」(『改造』一九二三・一二)を強く意識した「夕詣り――葛西善蔵の面影を辿って」(『詩誌　朔97号』朔社、一九八五・三)を発表している。ファウラーはこのエッセイで、葛西が実際に住んだ鎌倉建長寺内の宝珠院を訪れ、「小説が書けない葛西善蔵」と「研究が少しも進まない」自分を類比的に捉え，善蔵ゆかりの地である「世田谷三宿！　日光湯本！　常陸大洗！　津軽碇ケ関！　忍路《おしよろ》高嶋！　寿都《すっつ》歌棄！」を訪ね、東京都内の古書店、図書館、文学館、資料館などをめぐって、研究のヒントを得るために駆けずり回った様子を書き留めている。善蔵ゆかりの地に付された「！」は葛西の「朝詣り」では、「私」が「何か月ぶりかで東京」に出かけた際に立ち寄った場所が「そら本郷！　そら青山！　そら芝！　牛込！　銀座！　浅草！　吉原！」と明示されているのでファウラーの斜体をかけた記号表記は、葛西のそれを意識していることは明らかである。

ファウラーのこのエッセイには、葛西が「一月十六日――私は三十六歳の誕生日であつた」と語っている箇所をファウラーは「今日は九月二十七日――わたしの三十七才の誕生日だった」というように、葛西の語りを模倣し、葛西に自己同一化を図っている箇所がある。結局、ファウラーは「半僧坊での夕陽拝みが間に合わなかったように研究発表も締切までに仕上がらずじまいになるだろう」と書き記し、アメリカに帰国することになるのである。このエッセイは、ファウラーが葛西善蔵という作家に如何に深く傾倒し、その文学を熱愛しているかということが分かる内容である。

すでに、これまでの論述によって、秋聲の「踊り場参り」と古井の「町の踊り場」、葛西の「朝詣り」とファウラーの「夕詣り――葛西善蔵の面影を辿って」、古井の「雪の下の蟹」と「長い町の眠り」、それぞれの関係に、ある種の間テクスト性を認めることができたはずである。そこで、次に考えるべき課題は、古井の金沢での体験を虚の方向で描いた「雪の下の蟹」を分析・検討することである。そのためには「虚構らしく思える言葉」に注目しながら、このテクストを読み解くことにしよう。

3 虚構らしい言葉

蟹は干潟、海岸域、海中など、さまざまな水域に生息している生物である。「雪の下の蟹」の「蟹」は、日本海側の海底に生息するズワイガニだと思われる。問題は、「私」の想像力によってその「蟹」が単なる生物以上の象徴的意味を帯びていることである。その意味を明らかにするために、「ひどい不眠症になやまされていた」「あの頃」、つまり、「何事にも興味がいだけなかった」頃に、「私」が寝床に入った後で、すぐに寝付くことができずに、どこからか聞こえてくる「死にとおなる」という声に「私」が耳を傾ける場面から考えてみよう。

　夜も八時をまわると、大抵の店は表をとざして灯を消し、街はひとすじの静かな小路に還って、通る人の足音や軒の下の立話しの声をよく響かせる。そんな時、遠ざかっていく足音を追って耳を澄ましていると、ふと自分の意識の影のようなものが、細長い静けさにそってはるばると広がってゆき、そのまま細長く横たわるような気がする。そして軒から軒へ下駄の音が、ふくみ笑いが、ときおり「死にとおなる……」と溜息まじりの声が、私の意識の影のひろがりを横切っていく。

この「「死にとおなる……」」という声は「私」が下宿している「印屋《はんこや》」の夫婦の会話にも登場する。大雪のために糞尿の排泄処理が不可能となった家庭は、それを近くのドブ川に捨てざるを得なくなるのであるが、その際に生じる悪臭が近辺に漂い出す。そのような不衛生な環境について夫婦は次のように語り合っている。

「そうや、仕方ないこっちゃ」と彼は変らぬ口調で言った。

「ああ、死にとおなる」と間のびした声がこちらにもどって来る。それから彼女は私たちの顔を見て、「どうにもならんこっちゃ、アハハハ……」とかん高い声で笑った。

「印屋《はんこや》」の妻の「「ああ、死にとおなる」」という語気を強めた発言は不衛生な環境に対する諦め、それ以上でもそれ以下でもない。そうであるがゆえに、笑っているのであろう。先に、「私」が感受した声も「ふくみ笑い」を伴っていた。「「死にとおなる」」という声は、彼が住む町では一般的に発せられるのであろうか。注目すべきは、「踊り場参り」では、「死にとおなる」気持は内向し、「《死にとうなる》」と修正され、次のように書かれていることである。

この町（金沢―引用者）はさしあたり、心の遣りどころもなく長閑《のどか》だった。その小路にも割烹にも、私にとって、憂鬱にさせられる機縁があったわけではない。ただ、朝にはそこを過ぎれば勤めが近く、夕には宿が近い、そんな境にあたった。あまりにも見馴れることを厭うていた。どこでも春夏秋冬を暮せば表面には馴れるものだが、反復感が一段と重たるく、《死にとうなる》ほど煮つまる要所は、角《かど》っことかその手前の家とか、とかく何でもないところにある。

要するに、「雪の下の蟹」の「私」も「踊り場参り」の「私」もこの町（金沢）では、大木志門の言う「静的な属性（伝統・停滞・静謐・死）[18]」を感じ取っているのである。かつて「私」が「死」を「私の意識の影のようなもの」として捉えたのは、「《死にとうなる》ほど煮つまる要所」が金沢の市内の「とかく何でもないところにある」ことに関係していたのである。もちろん、人間の思考を環境や風土から一元的に捉えることはできないが、土地の者ではない「私」が自らを「《遠所者《えんじょもの》》」と位置づけ、「《死にとうなる》」要所に感応してしまうのは、「私」が東京から来た人物であるからだ。二重山括弧を付した二つの文言は、必然的な関係があるといわねばならない。そのようなレトリックに、「不眠症」が象徴しているように「境い目」を生きる「私」の危機意識を看て取ることもできるだろう。このような危機意識は、「私」が「不眠症」であるという心身の不調に加えて、裏日本に位置する金沢という土地柄（夜の八時過ぎに店舗は閉店する）、風土（冬の季節の大雪）や習慣（糞尿の廃棄による悪臭）に馴染むことができないことが少なからず関わっているのであろう。

小路から発する「死にとおなる……」という声を聴いた後で、「私」は「二カ月ほど前の海辺の光景を思い浮かべはじめ」る場面が続く。その場面を次に引用し、考察を進めるための橋頭堡を築いておこう。

海は暗い揺籃《ゆりかご》のように、水平線に立つ鉛色の雲の重みと、砂丘の灰色のうねりを、ゆったりと揺っていた。浜草のまだそこかしこに枯れ残る砂地には、ちょうど私の視界の中央に、一本の長い竹竿が六十度ほどに傾いて、逆光の中に立っている。その竿の先端の高さをすうっと走る水平線の上で、小さな漁船が一隻いまにも空に蒸発しそうに、いまにも海に沈みそうに、ゆらゆらと漂っていた。

「私」の視界に入って来たのは、安岡章太郎「海邊の光景」（『群像』一九五九・一一、一二）で描かれた初夏に向かう南国の海ではなく、晩秋の日本海である。しかもその海には、傾いた「一本の長い竹竿」と一隻の「小さな漁船」が「いまにも空に蒸発しそうに、いまにも海に沈みそうに、ゆらゆらと漂っ ていい」るのである。日本海の海に漂いながら、空にも海の中にも消え入りそうな一隻の「小さな漁船」に仮託されているのは、「空が白めば心の内がわけもなく白み、空が閉ざされれば心の内も閉ざされ、うつらうつらと暮してきた」「不眠症」に悩む「私」の「心の内」、つまり、「私」の生の不安を示唆する心象風景でなくて何であろうか。

「ゆらゆら」と「うつらうつら」は外部の海と「私」の内部が共振している表現と見做すことができるだろう。「目覚めと眠りの境い目」を「うつらうつら」と表現していることから、「私」の「不眠症」は一向に改善されず、日々の日常を過ごして来たことが見えてくる。

ある意味、勝手気儘に過ごすことができた学生時代とは異なり、社会的役割と責任が厳しく問われる社会人へ移行する時期に彼が「不眠症」であったことは、象徴的な意味を帯びているといわねばなるまい。おそらく、この「私」は、まだ社会に完璧に順応することができていない人物なのだ。

思えば、「杏子」（『文芸』一九七〇・七）に表現された「うつらうつら」の用語に着目した松下千里は、「古井の文体に印象的な、「ふらりふらり」「うつらうつら」「ふわりふわり」「うっとり」などという夢心地を示す語は、言葉がそれ以前の姿に逢着した事を示す擬態であるのかもしれない(19)」と指摘していた。この「うつらうつら」は、おそらく意識と無意識の境い目の状態を示唆しているのであろう。

海辺にやってきた「私」の視界には、さまざまな色彩に彩られた「空」「雲」「海」が入ってくるが、「水平線と空は一様な鈍色に融けあった」瞬間、突然、「私」は「暗い海底を這いまわる一匹の蟹を思い浮べ」、「甲殻の内側では白い肉がいよいよ豊かに育っていき、卵巣がいよいよ鮮やかな紅を育てていく」様子まで想像するのである。そして、その「想像」は「夢想」に転化し、「一本の鋭い針」を「蟹」の卵巣の中に刺し込み、その「蟹」を空に放り投げ、それが「海」に落下し、「海底を這いまわる」姿まで射程に収めている。「私」の「夢想」は垂直的なのである。そして、痛みを包んで生長する「快感」が「私」に残るところで、この「夢想」は終わっている。

次に、「翌朝、目を覚ますと、部屋の隅々までがしらじらと明るく、窓の外では雪がひたすらに降っていた」のだから、この「夢想」によって「私」は眠りの世界に誘われたのであろう。「不眠症」の彼が「海底を這いまわる一匹の蟹」を「夢想」することによって、彼は眠りの世界に落ちて行ったのである。

この「一匹の蟹」は、あくまでも「私」一個人の「夢想」の産物であるが、強いていうならば、この「蟹」は生物としての「蟹」という外被をまといながら、実は、「私」の中の他者とでも名付けるしかない存在であって、「私」の不安感、孤独感を外化した仮想として捉えるべきであろう。彼にとって「蟹」は、現実と「夢想」を繋ぐ唯一の装置なのである。その意味で、たとえ寝るまで時間がかかり、睡眠が取れたとしても、彼は依然として「眠りと目覚めの境い目」を生きる人物なのだ。

春の季節を背景とした「長い町の眠り」には多くの雨が降っていた。一方、冬の季節を背景とする「雪の下の蟹」では大雪が降り積もっていた。いずれのテクストにも「私」の下宿先付近の溝川が「浅野川」に流れ落ちていく様子が描かれている。しかし、春には問題がなかったこの溝川が、冬には住民の間で大きな問題となる。住民たちは大雪を取り除くために雪をその川へ捨てざるを得なくなり、「こちらの町内のもの」と「むこうの町内のもの」との間で口論となるのである。

彼らの言い争いを、「私」だけが等間隔で冷静に把握することができるのは、「私」がその土地の者ではなく、「《遠所者《えんじょもの》》」であるからだ。「私」の他者との距離感は「先導獣の話」（『白猫』九号、一九六八・一二）の「私」が群衆と個人を区別し、「《先導獣》」として自分自身を認識し、群衆から一定の距離を保っていたことと相似的である。思えば、「先導獣の話」の「私」も「新参者の夢想を毎朝くりか」えす人物であった。「新参者」という自己規定は、「私」が初めてデモを傍観する人物であったからである。「《遠所者《えんじょもの》》」の視点で描かれた「雪の下の蟹」と「新参者」の視点で描かれた「先導獣の話」は、視点人物が類比的であるというだけでなく、「私」の存在が確固とした個として確立していない点においても類比的なのである。

松下千里が正しく指摘していたように、「先導獣の話」は「個の疎外ではなく、個の融解として書かれた」[20]ことは文学表現上、画期的であった。古井が描き出した「先導獣」としての「私」は、社会的諸関係の総体を形成するひとつの項としてすら存在しないのである。このテクストが発表された一九六八（昭和四三）年といえば、フランスにおける五月闘争を嚆矢として、我が国では、全国の主要な大学を中心として主に新左翼系《ニュー・レフト》学生を主体とした群衆による社会的叛乱が社会全体に波及していた時代である。党派《セクト》であれ、個人であれ、政治・社会体制批判をどのようなかたちで取り組み、実践し、将来の展望をどのように切り拓くべきか、主体的判断が問われた時代であった。

しかし、「先導獣の話」の「私」は融解という観点を導入し、個をアモルフな存在として捉えることで、集団と個人の二項対立を相対化していた。そのような人間観・社会観は当時の時代情況に対する「私」の違和感、距離感の表明でもあったはずである。「雪の下の蟹」の「私」も融解と不可分な人物として造型されている。そのことは、「私」が「蟹」を想像する場面を分析することで明らかになるだろう。

4　変転する生と死

先に、「私」が「蟹」を想像する場面を引用し、海底で「生長」する「蟹」の姿に、「私」の「生長の快感」が導き出されていく経緯を検討した。その「快感」は、あくまでも「夢想」によって生じたものであった。しかし、それとは別の「生長」感覚が「私」を捉えることになる。それは「雪おろし」のために「大屋根」に上がって「吐き気」に堪えながら感じた場面に現れて来るのである。

私は大屋根の上に真直に立って吐き気をこらえた。（中略）もうここ半年ほどの不健康な暮しの中で、すっかりなじみになった嘔吐感である。しかし、労働のために健やかに脈打っている体の中からこみ上げてくると、それはまた異様な感じだった。まるで私とは別の生き物であって、しかも私の全身の脈動にひそかに感応して生長しているかのようだった。

「私」が「大屋根の上に」立って感じた「生長」感覚は想像的でもなければ、観念的でもない。それは「雪おろし」というボランティア活動を通じて獲得することができた身体感覚に他ならない。この「生長」感覚を補強するかのように、今ひとつ「私」が想像するのが、半年ほど前に眼に止めた「青年癌の記事」に基づく想像なのである。

　ところがいま大屋根の上で、私はまたすこし違った想像にとりつかれた。癌細胞は若い肉体の生命力の、その全体的な低下のどん底で生まれながら、どん底では育つことができず、大抵は数日のうちに痕跡も残さず消えてしまう。若い肉体は衰弱の中にうずくまって死を思いながら、生命の危機を乗り越えていく。全身の弛緩というものは見事な防禦規制なのだ。

「私」が想像した「防禦規制」を死から生に反転する機制と言い換えることもできるだろう。つまり、「衰弱の中にうずくまって死を思いながら、生命の危機を乗り越えていく」という「私」の想像は「青年癌」の細胞のイメージでありながら、実は、そのイメージは「海底を這いまわる」「蟹」のイメージと重なり、引いては、「不眠症」で孤独な「私」自身にも跳ね返ってくるはずだ。

　おそらく、彼が欲望しているのは、「卵巣の中」に「一本の鋭い針」を刺し込まれても、「一心に這いまわる」ことができる被虐的ともいえる「生長の快感」を獲得することなのである。それが、「防禦規制」が作動するということなのだ。

「私」が癌細胞の「防禦規制」に思い至るのが「雪おろし」のために上がった「大屋根」の上であったことは、極めて象徴的である。海辺に立って想像した「海底を這いまわる」「蟹」も、大屋根の上で想像した「青年癌」のイメージも、死を抱え込みながら生き抜くことを「私」が自覚するための方法に他ならない。しかし、「私」が、再び眠ることができずに「寝床に身を横たえ」た時に、「海の底の蟹のことを思い浮かべ」る場面には、それとは異なるイメージを指摘することができるのである。

そのイメージは、隣人たちが汚物を川に廃棄することによって発生する臭気に睡りを妨げられる「私」の想像によってもたらされることになる。

その時（臭気を感じた時―引用者）、私はまた海の底の蟹のことを思い浮べた。（中略）蟹は重い甲羅を引きずって、まるで生きていることがそのまま一種の病いのように、見るからに苦しそうに海底を這いまわっている。（中略）甲羅ができてからというもの、どんなに空と海の動きに感応して生長しても、蟹の生命はもう甲羅の中から一歩も外へひろがり出ることができない。そして蟹はわれとわが生命に病んで、刻一刻と甲羅の中に死を育てていく。

ここでの「私」の想像は、かつて海底の「蟹」に見た「生長」の感覚は「甲羅の中」に封殺されてしまい、「生長」よりは「死を育てていく」といったように生から死への傾斜を帯びている。彼の横臥の姿勢から繰り出された想像は、海辺に立った時の想像と大屋根の上からの想像の質とはまったく正反対なのである。ある時、「私」は海底の「蟹」の「卵巣」に「生長」の感覚を看て取り、また、ある時には、「青年癌」の細胞に見出した「生長」の感覚が、今の「私」は「蟹」の「甲羅の中に死」を想像するようになっているのである。このように生と死の二項対立は少しづつ捩じれて変貌して行くが、この変化は彼の想像世界において、どのように処理されていくのであろうか。眠れずに横になっている彼の想像の極限を見てみよう。

私は海のうねりの中で盲目的に育っていく蟹であり、そして同時にその盲目的な生育をゆったりと揺っている海であり空だった。

いうまでもなく、このレトリックこそが「雪の下の蟹」の核心部分に他ならない。このようなレトリックは「私」の想像力が極点にまで到達したということを意味しているはずだ。個としての「私」が広大な海をあたかも「揺籃《ゆりかご》」に見立て、「蟹」に自己同一化し、「生長」していくこと。成長ではなく、「生長」。つまり、生き長らえること。そして、「海」とその上に広がる「空」と一体化するということは、自然と人間が対立するのではなく、融解することを示唆し、「私」にとっての新たな現実を表象しているといってよいだろう。

このような想像力が限定された「私」の生を生き抜く力になり得るのであろう。「海のうねりの中で盲目的に育っていく蟹」を「夢想」する「私」の「想像力」、そして、その極限としての「夢想」。それを、「個体からの脱れがたさを感じつくした者に」とって、「幻想を抱きしめる自由」と言い換えることもできるはずだ。誰しも、このような自由を所有することはできる。それを精神の自由と名付けることも可能であろう。

そのような精神の自由に一定の価値を認めるにしても、人は「想像力」や「夢想」や「幻想」だけに頼って生きることができないことも事実である。人間は身体的・現実的存在でもあるからだ。ここに、「私」にとって「雪おろし」作業が積極的な意味をもつ理由がある。「十日ほどの雪の作業のせいで私は肉体労働者の体質に近くなっ」て酒を飲んでも酔いが心地よくなっていく。つまり、「雪おろし」をする前とは異なり、「雪おろし」以後は「私」の身体の一部が筋肉化し、「私」はそれまでとは異なる質の身体を一時的に獲得することになったのである。そのような「私」が、その後、如何なる変容を遂げていくのか。そのことを明らかにするためには、知人を訪ねて行く途中で、「私」の視線が捉えた光景に注目しなければならない。

私は犀川の向う岸の台地に住む知人に用事があって、浅野川から犀川まで、街をはるばると徒歩で横断していった。(中略)やがて私は下町の密集地域をぬけて、上菊橋のたもとで犀川のほとりに出た。(中略)橋の途中で、私ははるか下流の空に珍しいものを認めて立ち止まった。下流にむかって視界の尽きるあたりだった。白くひしめきあう家家の屋根のすぐ上の、空というよりも海の気配を感じさせるほの青い広がりの中から、白い靄の柱がひとすじすうっと立って、春の光をたたえた空に高く昇り、昇りきりに昇ったところで西から東へかすかになびいて、蚕糸の乱流のような先端を高空の澄んだ青の中へ徐々に融かしている。(中略)気がつくと、老人が一人杖をついて私のそばに立ち止まっていた。そして老人と私はいつまでも空を仰いでいた。

引用した「雪の下の蟹」のラスト・シーンにも融解を指摘することができる。「白い靄の柱」が青い空の中に「徐々に融かしている」という表現がそれである。しかも、「私」はその空に「海の気配」

を感じているのである。このシーンは「長い町の眠り」のそれと構図が近似している。「長い町の眠り」

のラスト・シーンは次のように描かれている。

例の酒場は翌々年の梅雨明け頃に、映画館のあった一廓まるごと、火事で焼けてしまった。なにかの理由であたりの音響を集めやすい場所だったかと後からは思われた。その頃には犀川のだいぶ上流《かみ》になる、新開の団地によほど籠りがちに暮していたが、雨の夜であったかどうか、とにかく山にも近く、水田の気の昇る真暗闇に軒のすぐ先からつつまれた四階の手摺りに寄って、片町見当に派手にあがる火の手を、興奮を伝える相手もなく、ひとりでいつまでも眺めていた。

二つのシーンに共通しているのは「私」の視線である。しかし、「私」がその視線の先に捉えたのは、「雪の下の蟹」では「空」の先に見えた「白い靄の柱」であり、「長い町の眠り」では「火の手」であって、その対象は明らかに異なっている。さらに、雪が降り止み、春の季節の到来を予感させる「空」を仰ぎ見る「私」と興味半分に火事に見入り、ひとり「興奮」する「私」では、見る「私」にまったく異なる心理状態をもたらす。問題は「私」が眺めている火事の出火元の責任が厳しく問われることである。この街でも火事は決して出してはならないのである。というのも、「私」は「印屋《はんこや》」の主人から次のようなこの街に古くからあった「陰惨な風習」を聴いていたからである。

火事の夜が明けると、火元の家の主人は近所に出火の詫びをしてまわる。その時、彼は裸足で行かなくてはならない。しかも腰に一本の荒縄を巻きつける。そうして、引かれていく罪人のしるしをみずから帯びるのだという。

「長い町の眠り」の「私」もこの風習の情報を得ていたのであろうか。仮に知っていたとすれば、「火の手」を見つめる「私」は火事の翌朝の場面を想像していたかも知れないのである。

「雪の下の蟹」では「私」ひとりではなく、その傍には、突然現れた無名の「老人」が立っている。一方、「長い町の眠り」では、「私」ただひとりだけである。以前は、「空が白めば心の内がわけもなく白み、空が閉ざされれば心の内も閉ざされ、うつらうつらと暮してきた」「不眠症」に悩む「私」は、もうこのシーンにははいない。「空」と「海」が一体化し、海底で生長する「蟹」を夢想する「私」もいない。いるのは、自ら立って、現実を直視する「私」である。「何事にも興味がいだけなかった」「私」は、新たな身体を獲得し、季節の移ろいと共に、雪が解け始めた現実の只中で、その傍らに杖をついて「私」の影のように佇む「老人」と共に、現実の空を見上げているのだ。おそらく、この「老人」もそれまでの人生において、さまざまな悩みや哀しみ、そして、苦しみを味わい、時には「《死にとおなる》」と思う事があったのかも知れない。

しかし、「私」の傍にいる「老人」には、そのような死の気配はまったくない。あるのは、「いつまでも空を仰いで」いる「生の気配」だけである。その意味で、この最後の一行には、「老人」と「私」

の春めいた季節に対して、共鳴する穏やかな心境が垣間見えるのである。この「老人」に遠い将来の「私」を投影することができるのかも知れない。

思えば、このテクストの時間は、現在時から「あの時」と事後的に振り返って、現在から過去を語る構成になっていた。テクストのラスト・シーンと事後的な語りの時間構成から考えれば、そして、「私」の想像力によって「蟹」と「青年癌」の細胞の表象から獲得した「生長」の感覚と新たな身体を所有したことを考え併せれば、さらに、「橋の途中」ではなく、橋を渡り切った後に友人と出会い、友人と交流を深めていけば、この「私」は「不眠症」のみならず、「何事にも興味がいだけなかった」生活から脱却することができたのではなかろうか。

おわりに

古井は「雪の下の蟹」を発表する五年前、一九六四（昭和三九）年にロベルト・ムージルの小説「トンカ」に関する論文[21]を発表している。「トンカ」という小説は、主人公の青年が誰が父親とも判らない恋人トンカの妊娠、さらに、トンカの性病への感染といった悲劇的な現実を、彼女を見棄てるくらいなら子どもの父親は自分であると思い込む方がましであるといったように、彼なりに解釈することによって、精神の危機を乗り越え、自己を自己としてなんとか保とうとすることを描いたテクストである。古井は先の論文で、ムージルの「特性のない男」の方法は現実を「解釈し直し、再編成し、よってみずから十分な現実となる、という現実拡大の方法」（原文―横書き、コンマを読点に変更）と記している。

また、後に古井は「トンカ」の方法について次のように語っている。[22]

いったんあたえられた現実が取り返されたり、あるいは取り返されないまでも、非現実化されたり、非現実化されたかと思ったら、また現実として戻されたり、複雑な往復運動、流れが逆巻きながら、前へ進んでいくような運動があって、作品はだいぶ長くなっています。

古井はムジールの「トンカ」に「現実」と「非現実化」の「複雑な往復運動」を看て取っているのである。「トンカ」の解釈として、先の「現実拡大の方法」に関して古井は否定的な立場を取っている[23]が、自らの恋人との関係が破綻することを回避するための方法として、主人公の青年は自分が置かれた悲劇的現実を回避するために、「解釈し直し、再編成し」、「現実拡大の方法」を採用したという解釈もあり得るだろう。他者からの批判はどうであれ、本人にとってはその再解釈が、以前の現実を改変することになり、新たな現実を生きることになったとすれば、彼はある意味、「非現実化」、つまり「夢想」によって自己合理化を図ったといえるだろう。

古井が指摘したムージルの「現実」と「非現実化」の「複雑な往復運動」という方法は、「雪の下の蟹」それ自体の方法でもあるだろう。「雪の下の蟹」では、「私」の「想像力」の極限としての「夢想」の産物である「蟹」に「空」と「海」と自分自身を直結させることで、それまで「私」が置かれていた「不眠症」や精神的に無気力な状態という現実を想像の世界において拡大解釈したのである。その

「夢想」は非現実的ではあるが、それは「私」のもうひとつの現実の姿でもあるはずだ。

「雪の下の蟹」が「トンカ」と異なるのは、「現実拡大の方法」という解釈だけに終始せず、すでに言及しておいたように、「雪おろし」体験によって、一時的ではあるにせよ、「私」が新たな身体を手に入れたことである。「私」は観念と身体の両面から自分自身をこれまでの心身の不調という現実から解放し、新たな現実を生きることになったといわねばならない。

従って、我々読者は「雪の下の蟹」に組み込まれた「非現実化」と「現実」を読むことで、古井がムージルから学んだ文学の方法を看て取ることもできるのである。そして、これまでの論述で明らかにしたように、「非現実化」と「現実」の「複雑な往復運動」は、「雪の下の蟹」と「長い町の眠り」との関係にも適用されていたのである。

注1　一九六三（昭和三八）年一月二四日付けの『毎日新聞』（朝刊一面）は「裏日本の猛吹雪激化」「北陸線、全線とめる」と大きく報じている。また、同年同月同日の『日本経済新聞』（朝刊三面）は「列車、全面ストップ」を小見出しとして、「北陸地方を襲っている豪雪で富山一八〇センチ、金沢一三六センチの積雪に達し戦後最高を記録した」と報じている。
2　古井由吉『ロベルト・ムージル』（岩波書店、二〇〇八・二、所収）。
3　注2に同じ。
4　古井由吉「「私」という虚構」（『早稲田文学』一九九〇・三）。
5　中村光夫「仮構と告白」（『季刊芸術　第二号』季刊芸術出版、一九六七・七、のち『中村光夫全集　第九巻』

筑摩書房、一九七二・一〇、所収）。
6　小森陽一「マキノ語像／牧野語通信」（『早稲田文学』一九九六・一二）、のち『〈ゆらぎ〉の日本文学』（ＮＨＫブックス、一九九八・九、所収）。
7　注2に同じ。
8　「年譜――古井由吉」（『古井由吉自選短編集　木犀の日』古井由吉、講談社文芸文庫、一九九八・二、所収）。
9　和田勉『古井由吉論』（おうふう、一九九九・三）所収の「年譜」の昭和三七（一九六二）年の項に「学部長はドイツ語学の小原度正氏」とある。
10　注9に同じ。和田勉は古井のエッセイ「おっ師匠さん」の引用文中に「富岡氏（独協学園の恩師富岡近雄氏―引用者注）」と注記している。
11　西田谷洋「Ｉ　認知詩学／認知物語的分析の試み　5引用と構成――古井由吉「踊り場参り」」（『テクストの修辞学文学理論、教科書教材、石川・愛知の近代文学の研究』翰林書房、二〇一四・九、所収）。
12　注11に同じ。
13　大木志門「第1章　徳田秋聲の「復活」――「町の踊り場」と「文芸復興期」の磁場」（『徳田秋聲の昭和更新される「自然主義」』立教大学出版会、二〇一六・三、所収）。
14　三浦雅士「長い町の眠り」（『日本経済新聞』一九八九・六・一八）。
15　高橋敏夫「Ⅳ状況へのメモランダム　9戦後・記憶の考古学」（『文学のミクロポリティクス　昭和・ポストモダン・闘争』れんが書房、一九八九・一一、所収）。
16　和田勉「短編小説について」（『古井由吉論』おうふう、一九九九・三、所収）。
17　古井由吉「私小説を求めて――野口冨士男「徳田秋聲の文學」」（『朝日ジャーナル』一九八〇・四・四、のち『言語の呪術　全エッセイⅡ』作品社、一九八〇・五、所収）。
18　注13に同じ。

19　松下千里「生成する「非在」――古井由吉をめぐって」（『群像』一九八四年六月号、のち『生成する「非在」』詩学社、一九八九・三、所収）。
20　注19に同じ。
21　古井由吉「ムージルの「トンカ」について――出来事と非現実化――」（『ドイツ文学』33号、日本独文学会編、一九六四・一一、所収）。
22　古井由吉「精神による実験」（『ムージル　観念のエロス』シリーズ作家の方法、岩波書店、一九八八・七、所収）。
23　注21に同じ。古井は「彼（主人公―引用者）のトンカなる存在が哀れなイルージョンとして葬り去られぬ為には、現実のほうが無効とされねばならない。すなわち、非現実化とは、いずれ圧倒的な現実に対して自分自身の、夢のような、分のない体験をなおかつ守ろうとする主人公の、意思の現われなのである」（原文―横書き、コンマを読点に変更）と把握している。

〔付記〕　本文の引用は『古井由吉作品二』（河出書房新社、一九八二・九）所収の「雪の下の蟹」に拠った。「長い町の眠り」「踊り場参り」は『石川近代文学全集10　曽野綾子・五木寛之・古井由吉』（石川近代文学館、一九八七・一一、所収）に拠った。なお、『長い町の眠り』（福武書店、一九八九・五）も参照した。

Ⅵ　憎悪と怨恨の果て

＊車谷長吉の心中小説——「忌中」

はじめに

「忌中」（『文學界』二〇〇三年一〇月号）は、主人公の菅井修治が介護に務めていた「右半身不随の寝たきり」の妻二三子を殺害し、修治が後追い心中を図るまでの経緯を描いたテクストである。修治は二三子を殺害したすぐ後に自殺をする事ができず、後追い心中を図るために、意図的に返済不可能な高額な借金をすることによって、自分自身を死に追い込むといった行動を取っている。この行動を通して生の最終局面における人間存在の在り様が描かれている。今日、介護疲労の果ての殺人事件や無理心中事件は決して珍しいことではない。その意味でも、「忌中」は現在の超高齢化社会に住む私たちにさまざまな問題を投げ掛けているテクストである。

車谷長吉は「凡庸な私小説作家廃業宣言」（『新潮』二〇〇五年二月号、以下「宣言」と略す）を発表し、「宣言」以降は「私小説《わたくし》」を書かない旨を表明した。(1)「宣言」を出す直接的なきっかけとなったのは、「刑務所の裏」(『新潮』二〇〇二年一月号)の内容が問題となったからである。この小説では実在する人物名が書き込まれていたために、車谷本人は「基本的にはすべて虚構(フィクション)」(「宣言」)とは言うものの、実在の人物との軋轢が生じ、法廷にまで持ち込まれることになったのだった。

おそらく、車谷はこの苦い経験を経て、この小説の後に書いた「忌中」では、固有名を明示することにかなり気を配り、注意深くなっているように思われるのである。そこで、このテクストに仕掛けられたレトリックに留意しながら、このテクストが提起している問題について考えてみよう。

1　回避される固有名

車谷の小説のひとつの大きな特徴でもあるが、現実性《リアリティ》を持たせるために、作者車谷は度々小説中に実在する人物名や地名などを書き込む手法を用いている。しかし、「忌中」では具体的な固有名を随所に書き込みながら、極めて巧妙に事実を覆い隠すような描き方をしているのである。

たとえば、修治の自宅である「千葉県流山市東深井」は、現存する地域名でそのまま書かれているが、番地までは書き込まずに、実在する「東武野田線(千葉県船橋〜埼玉県大宮)運河駅」から徒歩「五分ほどのところ」といったように曖昧に書かれている。修治の勤務する「田端信用金庫滝野川支店」は、実際には滝野川信用金庫田端支店として実在するので、その名称を一部入れ替えている。さらに、修治の妻二三子の出身高校を豊島区に実在している豊島岡女子学園高等学校の校名に似せて、「豊島女子商業高等学校」と称し、虚構化を図っている。仮に、現存する番地や高校名、信用金庫の名称をそのまま書き込めば、修治の行動から問題となる可能性がまったくないともいえないからであろう。修治が通いつめる「越ヶ谷《ママ》」のヘルシー・ランド「アクエリアス」にしても、おそらく、そのモデルは越谷ヘルシー・ランドらぽーれ（二〇一二・五・二〇、閉館）であると思われるが、越谷という地名は使用するものの、ヘルシー・ランドの固有名だけは変更している。つまり、作者車谷は実在する固有名を意識しながら、微妙なところで現実との照応を回避する手法を取っているのである。

他にも虚構化を図りながら、実際の固有名を特定することができる例を挙げてみよう。修治が一〇年来にわたって、はがき将棋のやりとりを行っている仙台在住の「杉ノ森慶一」は、哲学に多少の興味・関心がある読者であれば、『言語行為の現象学』（勁草書房、一九九三・九）や『物語の哲学　柳田國男と歴史の発見』（岩波書店、一九九六・七）等の著者であり、当時東北大学文学部教授であった野家啓一を直ちに思い浮かべるはずである。というのも、車谷のエッセイ「仙台の火消壷」[2]を読んでいる読者ならば、仙台の野家啓一から車谷本人に、突然、火消壷が送られてきたことが書かれているからである。さらに、車谷の小説「一番寒い場所」（『新潮』一九九九年七月号）の冒頭は、車谷自身が仙台の野家啓一に電話を掛ける一文から始まっており、車谷と野家は交友関係にあることを窺い知ることができるのである。要するに、車谷は自分自身を取り巻く現実から固有名を借用しながら、場合によっては、それを部分的に改変することによって、半端な虚構《フィクション》を創り上げているのである。

一方、車谷自身と直接関係があると思われる固有名については、特に問題がない場合は改変せずにそのまま書き込んでいる。修治がヘルシー・ランドで知り遇った明美に多額の借金までして衣服や靴などを買い与えるのは「池袋西武百貨店」である。この場合の百貨店の固有名の記載は、特に問題とはならない。西武百貨店であれ、東武百貨店であれ、それらは一般消費者が利用する百貨店、それ以上でもそれ以下でもないからである。ただ、車谷が一時、西武セゾングループの代表堤清二（辻井喬）と雇用関係[3]があった事実を知る読者であれば、西武百貨店が書き込まれることに何らかの思いを連想することは否定できないであろう。

2　資本主義への怨言

吉本隆明は、車谷の「萬蔵の場合」（『新潮』一九八一年八月号）と「吃りの父が歌った軍歌」（『新潮』一九八五年五月号）という小説に対して、「わたしにはこの悪作の意想の表出はかなり本格的なものにおもえる。根性曲がり、ひとにたいする憎悪と怨恨の心情、病的な発作、およそ悪意を働かせずにはおられない無意識の荒廃、これらが作品の「私」をつくりあげている要素になっている」[4]と述べている。この指摘は「忌中」の主人公修治にも当て嵌まる評言である。そのことを論証するためには、「憎悪と怨恨の心情」や「悪意」と「無意識の荒廃」がなにゆえに修治にもたらされるようになったのか、その主な原因を明らかにする必要があるだろう。

留意したいのは、修治の勤務先とその業務の内容である。修治が信用金庫の貸付係長という職にあったとき、担保不足でお金を貸したのが焦げ付き、勤務先から責任を問われて処分を受け、八〇万円あまりを弁済させられている。このことが修治を金融ブローカーに転進させるきっかけとなったことは、ほぼ確実であろう。信用金庫を辞めていなければ、そして、辞めたとしても金融ブローカーとして成功していたとしたら、妻を殺害することも、自ら自殺を図ることもなかったはずである。

修治が金融ブローカーへ転職する時期は一九八四（昭和五九）年である。一九九〇（平成二）年の暮れ以降、仕事が行き詰った彼は無収入となる。我が国のバブル景気が決定的に破綻するのが一九九一（平成三）年の二月である。修治の生活の破綻とバブル景気の破綻は時期的にほぼ重っている。修治の生活が以前よりもさらに一層悪化することになるのも、現実の経済の動きと密接に連動しているのである。金融経済《バブル》システムの破綻が、修治が妻を殺害する立場に追い込むことになったひとつの要因なのである。

修治は、住宅ローンは完済したものの、妻二三子が四〇代で膠原病を発病し、継続的な介護が必要となる。しかし、彼には充分な貯蓄がないため、彼女の介護費用を捻出する経済力はなかった。結局、修治は介護疲労とも相まって妻を殺害するのである。しかし、修治は後追い心中を図ることができず、生き残ることになる。自ら死を意識しようとも生きている限りは、日々の生活費は必要である。修治が妻の死を隠蔽するのは妻の死が発覚すれば、妻の年金が支給されなくなるといった現実問題が控えていたからである。

修治が金融業者から返済する意志のない多額の借金をするのは、金融資本主義《バブル》への個人的恨みと受け取ることも可能であろう。かつて、貸し付け業務を担当していた修治が、今度は借りる立場にいっきに反転するのも、金融業界のシステムを熟知している修治ならではのことである。修治はその生命と引き換えに現実社会への復讐を企てているのである。そのような無謀とも思える社会への復讐がこのテクストのひとつの主張だといえよう。しかし、復讐というのは当の本人が生きていればこそ意味があるのであって、後に検討するように、修治が自殺を図ったからといって、それが実現できたわけではあるまい。

ところで、時に、修治は「アクエリアス」でマッサージ師として勤務する山田明美と性的関係を持つにしても、その関係の在り様は明美の方が主導的であり、修治はむしろ受動的である。かつて明美はＳＫＤ（松竹歌劇団）の団員であり、ライン・ダンスを踊っていたが、一九九〇（平成二）年に歌劇団は赤字経営が解消されずに解散する。このことは事実に即している。その後、明美はマッサージ師を養成する学校に入学し、いくつかの勤務先を経て現在に至るのである。一九九〇（平成二）年といえば、修治も仕事が行き詰まり、無収入になった年である。その意味で、修治と明美にとって一九九〇（平成二）年は、人生が大きく変わった年なのである。

明美と出遭った修治の欲望は、「死んだように飾ってあった」鞄や靴や衣服を明美が身につけ、「生き返ったように見える」ことに満足することが目的となる。明美との性的関係を欲望することよりも、モノが「生き返る」こと。妻が「生き返る」ことが不可能であればこそ、修治は借りた多額の金銭を現実に生きている身近な明美のために消費しているのである。修治は明美に生を擬装させ、それを確認することで自己満足に浸っているのである。

つまり、明美は妻のありえない復活の代理表象として存在しているに過ぎない女性なのである。しかも、そのような意味での代理表象は、約四〇年前に、妻二三子の不妊治療の帰りに見かけたスター歌手園まりが現在出演している「アクエリアス」での公演とも無関係ではない。現在の園まりに修治は「「どさ廻り」であろうと何であろうと、いったん「死んだ者」が生き返って来たことに、ある救いを感じ」ているのだ。

語り手が言うところの、園まりの変わらぬ美貌は二三子の腐乱が進む身体の変貌と対比させられているのであるが、それは二三子の身体の変化をより一層、際立たせるために、ある一定の年齢層の読者には周知の歌手である園まりという実名を作者車谷は小説に取り込んで活用しているのである。修治が園まりを「愛の女神」に、殺害した妻二三子を「死の女神」に喩える通俗的な二項対立はともかく、彼は歌手生活四〇周年を迎えた園まりの青山でのリサイタルに行くことはない。というのも、そのリサイタル当日が土砂降りの雨だったので公演を聴きに行く予定を取り止めたからである。

取り止めた修治の心境が問題である。「客足に響くだろう、と思うと、ざまァ見やがれ、とも思うた」と書かれている。この「ざまァ見やがれ」という表現は、吉本隆明が車谷小説の主人公の性格の特質を「根性曲がり」と指摘したことの一例として読むことができるだろう。しかも、修治がそのような心境を抱きながら逢いに行く明美も、自分自身を死に追い込むためのひとつの手段に過ぎないのである。

本来、人は生きるために金銭の都合をつけるが、修治は死ぬために多額の金銭を借用し、浪費しているのだ。その意味では、修治の確信犯的な借金は社会の倫理や規則に反しているが、このテクストはそれを人間の剥き出しの生として肯定的に描いているように思われるのである。

明美との関係にしても、菅井にとって死の直前の逢瀬以外は、必ずしも性の問題が第一義的であると読むことはできない。小説中に散見される期日や曜日などに着目し、日を追っていけば、このテクストは妻の死体が変容していく過程と修治の生の過程が密接に関連しながら、結果からいえば、修治の自殺にいたる過程が描かれている。しかし、妻の死体が腐乱していく過程が明らかに虚構《フィクション》であるにも拘らず、かえって、その描写がリアルに感じられ、反対に修治の行動範囲に関係がある固有名を現実からややズラし、虚構化を図ることで、却ってその現実が透けて見えてくるのは、一種の逆説《アイロニー》というべきであろうか。

修治は自死の直前、明美に、明美という本名ではなくSKD時代の芸名「美佐」と呼び、「あなたの人生はあしただけじゃなくて、あさってても、その次の日もあるんだから」と語りかけている。さらに、わざわざ仙台まで会いに行った「杉ノ森」には、はがき将棋の「最後の一番をかたづけたくて」とも語っている。修治は自殺の後で関係があった人物たちに自分のことをせめて記憶に留めて欲しいために、それとなく、人生最期の別れの挨拶を交わしているのである。そのことが修治の孤独と精神の荒廃をよく現わしているだろう。

3　車谷長吉と江藤淳

車谷には「忌中」発表の時期と踵を接して書かれた、「死」と題されたエッセイ(5)がある。このエッセイは「忌中」における後追い心中を考える上で、重要な材料を提供している。「死」には、車谷が慶應義塾大学在学中に江藤淳の講義を聴き、文学の基本を学んだことや、後年、江藤の強い推輓によって、『鹽壺の匙』（新潮社、一九九二・一〇）が三島由紀夫賞を受賞したことに対する江藤への感謝の念が述べられている。しかし、ここで重要なのは、一九九九（平一一）年七月二一日に自殺した江藤淳に言及した次の箇所である。

江藤氏の死は、前年、病死なさった慶子夫人への後追い心中だった。子のない夫婦の悲劇である。どちらかが死ねば、残された方は独りぼっちになるのである。併しこれは決して他人事ではない。私のところも子のない夫婦だからである。（中略）江藤氏のように嫁はんに先立たれた時のことを考えると、それだけで私は鳥肌が立つ。私は江藤氏のように後追い心中が出来るのか。江藤氏の死は、こういう問いを絶え間なく私に突きつけることになった。

このエッセイは「忌中」というテクストを考える上で、看過ごすことができない。というのも、作者車谷の内面が率直に語られているからである。江藤淳が病死した妻の後追い心中を図ったことの衝撃(6)が車谷自身に跳ね返り、伴侶亡き後、子どものいない夫の生活意識が問われているのである。「私は江藤氏のように後追い心中が出来るのか。江藤氏の死は、こういう問いを絶え間なく私に突きつけることになった」という自らに発した問いに対して、車谷が江藤の死後四年を経て提出した回答が「忌中」であったと考えれば分かりやすい。

江藤淳は六六歳のときに自殺を図っているが、「忌中」の主人公修治が自殺をするのも作中の新聞報道の記載によれば、六六歳である。明らかに作者車谷は修治の享年を江藤のそれに重ね合わせている。その意味では、この「忌中」は江藤淳との関係が創作のひとつの、だが決定的な動機になっていると考えられるのである。しかし、車谷の「江藤氏のように後追い心中が出来るのか」といった自問こそ、車谷の生の認識がきわめて狭隘であるといわざるをえないのであって、別段、妻が亡くなった後で、その夫が取るべき生き方は後追い自殺が唯一の対処の仕方ではあるまい。

それにしても、車谷はその妻高橋順子との世界一周の航海記において、「私をこの世に繋ぎ止めているものは、お袋と順子さんの慈悲だけである。この二人がいなくなったら、もうこの世にいる意味はない。存在理由はない。生きる価値はない。一切は無意味、無価値である」[7]というように過剰とも思える自虐的自己言及を行っている。それは車谷が繰り返し書き記しているように、直木賞受賞以降の強迫神経症[8]に因る言説の一種かも知れないが、ここでは作者車谷の精神構造を分析することが目的ではないので、車谷の人生観や生命観の特質の一端を確認することに留めておきたい。

「忌中」は車谷の人生観を反映するかのように、最後に修治が自殺を図り、殺害した妻の腐敗した遺体が発見されることも含めて、新聞の三面記事として報道されることがその結末となっている。今日、我々読者は「忌中」に類似した心中事件の報道にしばしば接する事もあり、高齢者の心中は決して稀有な事件ではないことを知っている。春日武彦は、「忌中」に言及した論稿[9]で、修治の自殺を報じたテクスト中の新聞記事（それは「平成一五年五月二七日火曜日朝日新聞夕刊」と明記されている）に関して、次のように述べている。

この記事は本物だろうと思った（実は五割くらいの確率で）。それに朝日新聞に載っていたと明記し、ついでに毎日にも讀賣にも同様の記事が載っていたと記している。さすがに嘘だったら具体的に新聞の名前までは書くまいと推測したのである。しかし一応好奇心から縮刷版を調べてみたら、こんな記事は載っていなかった。日にちがずれていたわけでもなさそうであった。

すでに車谷の半端な虚構《フィクション》についていては、いくつかの例を掲げ、指摘しておいた。この『朝日新聞』の記事も同様である。もちろん、実際に『朝日新聞』は存在するが、問題の期日の『朝日新聞』夕刊にはテクストに描かれたような事件の報道を見ることはできない。菅井夫婦が住む流山市を含む千葉県全域において流通している最も有力な地方新聞『千葉日報』や『朝日新聞千葉版』にもこのテクストに直接関連するような事件は報道されてはいない。おそらく、読者に事件を信用させるために実際の新聞名だけを借りた虚構《フィクション》であろう。

もっとも、この場合、実際の新聞記事内容を探索することよりも重要なのは、菅井の妻二三子が二ヶ月半前に自殺していたという『朝日新聞』の記事内容であろう。夫修治による妻二三子の絞殺と死体遺棄は、時間の経過による死体の腐乱状態から、警察は絞殺と断定することができず、自殺と見做し、死体遺棄事件として調べているというのがその記事の内容である。春日武彦はこの点を完全に見落としている。つまり、修治は死してなお、妻二三子の殺害をも隠蔽することに成功したといわざるをえないのであって、ここに修治の無意識の悪意を読み取ることができるのである。

しかし、修治の悪意を打ち消すかのような心中事件が現実に発生する。二〇〇五（平一七）年一一月、福井県大野市で老いた夫が妻の介護疲労の果てに、かなりの遺産を市に寄付する旨の手紙を残して、自ら旧火葬場に入り、点火して妻と心中を図った事件(10)がそれである。死後も他人に迷惑がかからないように十二分に配慮された心中事件と、「忌中」に描かれたように、自らの死体の処分を他人に依頼し、借金を踏み倒し、妻の殺害を自殺と思わせるほどに悪意が貫かれた修治の行動とでは、鮮やかな対比を見せている。二つの家庭の家産の相違はともかく、虚構《フィクション》として描かれた事件と実際の事件はレベルが異なり、同列に取り扱う事はできないが、確実にいえるのは、「忌中」には現実の心中事件ほど他者への配慮や清浄な身の処し方を見ることはできないということである。修治の意図的な悪の実践は自分自身が死に向かうための手段にしか過ぎないのである。修治に清浄な身の処し方を期待する方が間違っているのかも知れない。

4　静寂さと不気味さ

後追い心中を試みた修治は、心中事件を繰り返した作家太宰治の本名津島修治と同じ名前、同じ漢字表記である。しかし、「忌中」に太宰文学の影響を見ることはできない。そこで、この小説の性格をより明らかにするために、心中を主題《テーマ》にしたいくつかの小説を取り上げ、さらに検討を続けたいと思う。たとえば、川端康成には掌《たなごころ》小説「心中」（『文藝春秋』一九二六年四月号）がある。この小説は、妻を嫌って逃げた夫からその妻に宛てて数通の手紙が届くのだが、そこには、日常生活で発生する数々の音を出すことを禁ずる命令が記されている。「子供に茶碗で飯を食わせるな」という命令に対して、妻は自分の茶碗を庭石に投げて壊してしまう。なぜか妻は、その時に生じた音を夫の心臓が破れた音として理解する。最後に届いた手紙には、「お前達は一切の音を立てるな。（中略）呼吸もするな」という文言があり、その命令に従うかのように母と娘は亡くなってしまうのである。そして、夫も枕を並べて死んでいたというのが、この小説の結末である。固有名が与えられていない登場人物たち。夫が妻を嫌った理由も不明である。夫と妻子それぞれが住む場所も描かれていない。夫の命令の意図も分からない。夫の命令とそれに従う妻の心の中まで正しく把握することができないので、この掌小説は、ある種の不気味さが伝わってくる怪奇・幻想小説として読む他はない。

大岡昇平は「来宮心中」（『文學界』一九五〇年五月号）を発表している。この小説は夫島田が戦地から帰還しないために、その不在の間に妻房枝が新宿の酒場で勤めているときに、妻子ある賢吉と知り合うことになる。賢吉が経営する農機具を製造する町工場の経営が破綻し、その妻時子が病弱ということもあって、次第に賢吉と房枝は離れ難くなっていく。そして、シベリアの収容所から帰還した島田は二人の関係に気付くことになる。結局、二人は駆け落ちを図り、来宮神社の近くにある賢吉の知り合いの鉄鋼関係の会社の寮に宿泊することになる。寮を管理している女主人はその会社の幹部の未亡人で、ひとり息子は戦争で亡くなっている。二人は来宮神社付近を散策しながら、房枝が「一緒に死にましょう」と賢吉に語り掛けると、賢吉は「うん、死のう」と答えるが、二人のうちのどちらが先に相手をどのように殺害したのか、そして、その後、生き残った者がどのように自殺を図ったのか、あるいは、お互いほぼ同時に如何なる方法で心中を図ったのか、それらの具体的な描写はないのでさまざまな疑問は解消しない。通りすがりの二人を農家の老主人が見かけるが、小説の最後は「それから二人の姿を見た者はいない」という一文で終わっている。島田の外地からの帰還、寮を管理する未亡人の存在とその息子の戦死を考え合わせると、この小説には戦後が影を落としているといえるだろう。

あるいは、田宮虎彦の「銀心中」（『小説公園』一九五二・二）もある。この小説は夫喜一の存在ゆえに、お互いに想いを寄せながら義姉の長男珠太郎との恋愛を成就することができないために、その妻佐喜枝が手首を切って川に投身自殺を図り、宿泊していた銀《しろがね》温泉の湯宿の下男、源作がその後を追うかのように自殺を図る物語である。源作はその足に迫撃砲の破片が入っているので、彼は戦争の犠牲者である。まったくの他人が結果的に心中と見做されるのであるが、源作が後追い自殺を図った事由は分からない。夫と甥の間で引き裂かれ、戦後を必死に生きる佐喜枝に同情したことが、彼の自殺の事由としか考えられないのである。いずれにしろ、「銀心中」は戦後文学として読むことができる小説である。これらの小説は心中を主題《テーマ》としてはいるものの、それぞれの男女が心中に至る事情と事由はさまざまである。

「忌中」は怪奇・幻想小説でもなければ戦後文学でもない。ましてや不倫の果ての心中を描いた小説でもない。そこで次に考えるべき課題は、「忌中」を車谷自身が撰定した短編小説を収録した『文士の意地』（作品社、二〇〇五・八）の下巻の最初に配置されている永井龍男の「青梅雨」（『新潮』一九六五年九月号）と比較・検討することであろう。そのことによって、「忌中」の世界がより明らかになるはずである。

「青梅雨」は、老夫婦とその養女、さらに妻の姉の一家四人の心中事件の三面記事を小説の冒頭に持ってきており、「忌中」とはまったく逆の構成となっている。養女はあるものの実子はなく、妻は心臓の持病のために病弱であり、夫は事業に失敗し、経済的に破綻した家族の心中前夜の生活の一齣を描いた小説である。夫の後追い心中と一家四人の心中といった情況の差異はあるものの、小説の主題《テーマ》と構成からいっても、「忌中」は「青梅雨」から相当強い影響を受けたテクストであるといってよいだろう。

車谷が「忌中」を書くにあたり、「青梅雨」が彼の念頭になかったはずはない。「宣言」発表以後まもなくして、車谷は玄侑宗久との対談「文学で人は救われるのか」（『文學界』二〇〇五年四月号）で、玄侑から「車谷さんが私小説を辞めたあと、どんなものを書かれるのかが、すごく楽しみなんですよ」と言われ、車谷はそれに対して、「これからは、一つは新聞ダネ小説をやりたいんです。（中略）小さな事件でも、実に不気味だなと思うのがありますよね。そういうのを五年なり十年経ってから書く。三島由紀夫や永井龍男が得意でしたね」と答え、三島由紀夫の『金閣寺』や永井龍男の『青梅雨』を「新聞ダネ小説」の例に挙げている。さらに車谷は、「人間が人間であることの不気味さをテーマに書きたいわけです」とも語っていた。「忌中」の発表はこの対談以前であるが、おそらく、かねてから車谷は自分自身の創作にとって、永井龍男の「青梅雨」を参考とすべき小説であると考えていたに違いない。

車谷が着目した「青梅雨」では、心中前夜の一家の様子が淡々と描かれている。屋外に降る小糠雨と「弱い夜風」とも相まって、屋内では死に向かう一家の静寂なひと時の風景を描き出していた。「青梅雨」は「忌中」とは異なり、死を覚悟した人たちであるにも拘わらず、自虐的な会話もなければ、世間を恨む発言もない。描かれているのは、死に向かう感情が露呈することを各自が極力抑制し、お互いを気遣う自然な優しさである。さらに、この一家は心中後、他人に迷惑が及ぶことを極力避けるために、自分たち自身の葬式費用や戸籍書類、遺体の後始末を頼む依頼状まできちんと枕もとに用意し、用意周到に準備した後で自殺を実行している。つまり、彼らは経済的には破綻していたが、精神的には決して衰弱も荒廃もしていたわけではなかったのである。

小林秀雄と対談した岡潔は「私は日本人の長所の一つは、時勢に合わない話ですが、「神風」のごとく死ねることだと思います」と述べたことに対して、小林は「あなた、そんなに日本主義ですか」との疑問を呈した後で、「特攻隊というような異常事件に関しなくても、私たちの、日本人の日常生活のうちに、その思想はある」と語り、その例として永井龍男の「青梅雨」の内容を紹介している。小林はこの小説を「日本人だけが書ける小説なのです。心理描写もなければ、理屈も何も書いていない。しかし、日本人にはわかるのです」と述べている。この、小林の発言に対して、岡潔は「うかがっただけでも感心しました。そういう小説があるのですか」と問いかけている。それに対して小林は「ええ、こういう小説は、たしかに西洋人にはわかりにくい。これを、死を見ること帰するがごとしというのでしょうが[11]」と答えている。つまり、小林秀雄は集団自殺は特に珍しい事ではなく、戦争という極限情況において国家に強いられなくとも、人は死ぬことは自宅に帰るがごとく、死を恐れない事態も存在すると主張したのである。さらに、「西洋人にはわかりにくい」という小林の岡潔への返答は、日本人の以心伝心ともいうべき他者の気持ちを忖度する気遣いが確実に存在することを含意した発言と見做すこともできるだろう。

永井龍男が描いた心中小説には悪意がまったく描かれることはなかった。その意味で、「青梅雨」は「忌中」とは正反対に、善の側から「人間が人間であることの不気味さ」を表現した小説と捉えることができるだろう。なぜなら、以心伝心を基盤として過剰に他者の気持ちを忖度することも「不気味」な事態に他ならないからである。

「忌中」のラスト・シーンには、修治自身が自宅玄関のガラス戸に忌中と書いた便箋を貼り付け、その後、すぐに自殺を図るといった人生最後のパフォーマンスが描かれている。車谷はこのパフォーマンスに「人間であることの不気味さ」を表現したかったのかも知れない。しかし、このパフォーマンスは、修治の徹底的に利己的な思考と行動が行き着いた果ての単なる自己放棄ともいえる行為であるため、その死に何らかの積極的な意義を見出すことはできない。その意味で、「忌中」は修治の「人間であることの不気味さ」というよりは、むしろ無意味さを表わす結果になってしまったのではあるまいか。「忌中」は先に引用した実際の心中事件を報道した新聞記事によって完全に相対化されてしまい、その結果、修治の意図的な悪の実践は不毛に終わったのである。

注1　川崎賢子は「「齋藤愼爾」「深夜叢書社」モデル名誉毀損裁判のその後」（『私小説研究』第7号、法政大学私小説研究会、二〇〇六・三）で、車谷の「刑務所の裏」（『新潮』二〇〇四年一月号）によって生じた実名小説問題について言及し、この小説を改稿した「密告」（『飆風』講談社、二〇〇五・二、所収）に関して、実名小説がモデル小説に改変された経緯について触れながら、その改変が根本的な改変とはなっていないことを指摘している。

2　車谷長吉『業柱抱き』（新潮社、一九九八・四、所収）。

3　車谷と西武流通グループ（現・西武セゾングループ）との一時的雇用関係については、車谷自身が繰り返し発言しているが、取り敢えず、高橋源一郎と山田詠美との鼎談「微妙に往生際悪いですね」（『群像』二〇〇五年一二月号）を参照。

4　吉本隆明「私小説は悪に耐えるか」（『現在はどこにあるか』新潮社、一九九四・一二、所収）。のち『甦るの匙』（新潮文庫、一九九五・一一）に再録。

5　車谷長吉『雲雀の巣を捜した日』（講談社、二〇〇五・一一、所収）。

6　車谷長吉は「武蔵丸」（『新潮』二〇〇〇年一月号）において、「私達は子のない五十過ぎの夫婦である。子のない夫婦の悲劇は、平成十一年七月二十一日夜に自殺した江藤淳《じゅん》の死で思い知らされた。江藤淳は九ヶ月前に、妻・江頭《えがしら》慶子さんに先立たれ、妻恋い自殺をしたのだった」と書き記している。なお、車谷は江藤淳が自殺する前年に江藤と対談を行っている（「私小説に骨を埋める」『文學界』一九九八年三月号）。その対談で、車谷は『赤目四十八瀧心中未遂』（文藝春秋、一九九八・一）に触れ、「タイトルのとおり、『赤目四十八瀧心中未遂』はぎりぎりのところまでいきますが、心中はしません。追いつめられながらも、女は娼婦に身を落とせば、まだそこに居場所があるんです。九分九厘は成功しなくても、可能性は残しておきたかった」と江藤に語っている。ならば、後追い心中をテーマとする「忌中」は生の可能性よりも生の不可能性を描いたテクストといえるであろう。

7　車谷長吉『世界一周恐怖航海記』（文藝春秋、二〇〇六・七）における一月一四日（土）の記述を参照。

8　「死の安らぎ」（『日本経済新聞』二〇〇五・七・三一、のち『雲雀の巣を捜した日』講談社、二〇〇五・一一、所収）に「十年前の五十歳になった時、いきなり飄風《ひょうふう》が吹いて、私は強迫神経症に取り憑《つ》かれ、幻視、幻聴、幻覚に襲われた」との記述がある。

9　春日武彦「無意味なものと無気味なもの　第十回　うふふ」（『文學界』二〇〇六年七月号）は「忌中」論として読むことができるが、春日は「性格の悪さと愚直さとの境目が判然としないところに車谷の持ち味があったのではなかったか」と一定の評価を下している。

10　二〇〇五（平成一七）年一一月九日（水）『毎日新聞』夕刊に、「旧火葬場に焼死体焼却炉内　老夫婦、自殺か」を見出しとして、福井県大野市七坂の旧火葬場の焼却炉内で7日、白骨化した2人の焼死体が見つかり、「県警大野署の調べで、歯の治療痕などから1人は近くに住む無職の男性（80）と断定。もう1人は行方不明になっている男性の妻（82）とみて身元の確認を急いでいるが、同署は状況から自殺とみている。」「男性は妻と2人暮らし。子どもはおらず、妻が数年前から糖尿病を患い足が不自由だが、男性が一人で介護を続けていた」との記事が掲載されている。

11　「対談　人間の建設　小林秀雄・岡潔」（『新潮』一九六五年一〇月号）。引用は『小林秀雄全集　第十三巻　人間の建設』（新潮社、二〇〇一・一一）に拠る。

〔付記〕二〇一五年一月に深谷考『車谷長吉を読む』（青弓社、二〇一四・一二）を読む機会を得た。この著作には「忌中」について書かれた論稿「Ⅳ 業柱抱き」が収められている。深谷はその論稿で、問題の新聞記事があたかも実際の記事であるかのように論じている。

深谷は「老夫婦の、というより長く患う老妻の面倒を見る老々介護（傍点―引用文）の圧倒的な人間劇《ドラマ》（ルビ―引用文）が、一片の新聞記事に変じている」と主張し、「当該の新聞記事に着目した時点で、これはオレ（車谷―引用者）がかかえている主題《テーマ》（ルビ―引用文）を展開するのに恰好の素材だ、と判断した瞬間が存したにちがいない」と述べている。しかし、拙論では、「忌中」における『朝日新聞』の記事内容は作者車谷が設えた虚構《フィクション》であって、実際には存在しないと判断した上で立論している。

本文の引用は『忌中』（文藝春秋、二〇〇三・一一）に拠った。

Ⅶ　受苦と救済の表象
＊夏目漱石「門」論攷――悲劇を生きる夫婦

はじめに

人はただ単に現在を生きることなどありはしない。現在の生といえども、時に過去の記憶の一部が、突然、現在に暴力的に介入することによって、現在が鋭く問い返され、生の様相が転換される場合がありうる。あるいは、人が現在から未来を展望する時、過去の記憶の強い機制を受け、現在が激しく揺さぶられ、生の方位が変更されることもあるだろう。

要するに、現在とは生成・変容の過程そのものなのだ。そして重要なのは、記憶化された過去それ自体も、さらにそれ以前の過去のある事態や事象に構造的に規定されていることである。おそらく、漱石が問題にした「父母未生以前本来の面目」とは、現在を規定する根本原因を見出すために過去へ無限に遡及することによって、存在すること、それ自体の意味までを問わざるをえないような徹底した思考の運動を意味しているのであろう。

宗助と御米の一見静かに見える夫婦生活の現在も、ある種の過去の記憶に根底的に規定されているがゆえに、二人の現在は共に、あるいは個別的に変容することを余儀なくされている。この間の事情を見定めるために、『門』の冒頭と結末との関係に着目しつつ、変容する二人の現在を把握したいと思う。

1　冒頭と結末

『門』は明治四三（一九一〇）年三月一日から六月一二日まで東京・大阪の『朝日新聞』に連載された。以後、「門」に関する研究論文・批評は枚挙に遑がない。その冒頭部分（一）における対照的叙述に言及した論稿も数多い。(1)(2) しかし、重要なのは、その対照的叙述のなかに組み込まれた照応的叙述部分を検討することであろう。(3) というのも、照応的叙述が「門」というテクスト全体の枠組みを形づくっているように思われるからである。照応的叙述はテクストの冒頭部分（一）と結末部分（二十三）との関係において、その細部にわたり、数多く確認することができる。(4)

まず第一に、「秋日和と名のつく程の上天気」（一）の日に「肱枕《ひぢまくら》をして軒から上を見上」（同）ていた宗助は、季節を経ると御米が「春」（二十三）になったことを喜んでいるのに対して、「「うん、然し又ぢき冬になるよ」と答へて、下を向いたまゝ鋏《はさみ》を動か」（同）すようになっている。明らかに、宗助の身体は季節の推移に敏感に反応するかのように変容しているのである。

第二に、「眉を寄せて、ぎら〳〵する日を少時《しばらく》見詰めてゐ」（一）るのは宗助であるが、「「本当に難有いわね。漸くの事春《ことはる》になつて」と云つて、晴れ〴〵しい眉を張」（二十三）るのは御米なのである。宗助と御米の二人の「眉」の微妙な動きの差異にも彼らの精神情況の差異が明確に反映しているように思われるのである。

御米が「晴れ〴〵しい眉を張つた」のは、季節が「春にな」り気分が晴れやかになったからであろう。しかし、おそらく、理由はそれだけではあるまい。それは、同居していた居候の身分の小六が「坂井の好意で、其所《そこ》の書生に住み込」（以上、二十三）むようになったため、宗助夫婦の経済的負担が軽減され、御米としては、低いとはいえ、夫婦二人だけの核家族本来の家計の水準に回復し、以前と同様の夫婦生活に戻れるようになったがゆえの表情の変化であろう。子供のいない御米は、いつも「障子の中で」「裁縫《しごと》」をしており、妻という立場から夫宗助を支えていたのだから。

第三は、宗助が御米に「「おい、好い天気だな」と話し掛け」ると、「細君は、「えゝ」と云つたなり」、「宗助も別に話がしたい訳でもなかつたと見えて、夫《それ》なり黙つて仕舞」（以上、一）うのであるが、これに照応している箇所は、かつては願望のみで、実際はあまり行くことがなかった風呂に、春になったある日曜日の午後に宗助が行き、そこで耳にする町の人々の「鶯の鳴声」（二十三）の期日をめぐる会話を御米に伝達する場面である。「宗助は家へ帰つて御米に此の鶯の問答を繰り返して聞かせ」（同）ている。

テクストの冒頭部分（一）における宗助の沈黙は、「両膝を曲げて海老の様に窮屈になつてゐる」（同）

姿勢《ポーズ》と連関する言語表現のひとつの在り方を意味している。しかし、結末部分（二十三）の鳴き始めだから充分に舌が回らない鶯に注目すれば、それは自分の心のうちの不安や罪の意識を御米にはっきりと告白していない宗助自身の暗喩と読むこともできる。さらに、饒舌になっている宗助に注目するならば、それは不安の原因であった安井が蒙古に去っていった事を坂井から聞き出しえたゆえの一時的な安心感の表明とも読める。

「秋日和」（一）と「麗かな日影」（二十三）という季節を表示する語彙が省略されていれば、同じ時節の、ある日曜日の平凡な夫婦の日常生活の風景だと思えないこともない。宗助と御米は「一所になつてから今日迄六年程の長い月日をまだ半日も気不味《きまず》く暮した事はなかつた」ので「仲の好い夫婦」（十四）であった。しかし、宗助と御米の変容する季節への意味づけの相違や二人の身体的部位の反応によって表象される日常生活の微細な展開に着目するならば、宗助夫婦は傍から平凡だと思えるほど順境な生活を過ごしてきたわけではなかったことが容易に理解されよう。

いうまでもなく、宗助夫婦の生活が過酷であった直接的原因は、二人の安井に対する裏切りと自分たちの子供の死の受容の過程に求めることができる。そして、さらに重要なのは、それらの過去を二人がまつたく同様に記憶に留めながら生活しているのではなく、二人の記憶に質的な差異が生じつつ現在を過ごしていることである。

宗助夫婦の過去に纏わる記憶の質的差異は、「近《きん》」や「今《こん》」という漢字をめぐる二人の問答によって象徴されている。宗助が平凡な漢字である「近来《きんらい》の近《きん》」という字を書くことができず、御米に質問したり、「今日《こんにち》の今《こん》の字で大変迷つた」と御米に語るとき、もはや、宗助は最近の時間感覚と過去に纏わる記憶を喪失しているかのように思われるのである。その意味で、宗助は現在を把握することが極めて困難になっていることが暗示されているともいえよう。宗助が御米に「矢つ張り神経衰弱の所為《せゐ》かも知れない」（以上、一）と語る所以である。文字通り、現在の宗助の「慢心は京都以来既に銷磨し尽してゐた」（十八）のである。

一方、御米は先の漢字を宗助に教えることができる点からみても、まだ現在を掌握しており、御米の意識は過去の記憶と深く繋がっていると考えられる。宗助と御米が立脚している現在に亀裂が生じている所以である。そこで、宗助夫婦の過去を省察しつつ、二人の現在に亀裂が生じざるをえなくなった原因のひとつである子供の死の問題について検討しておこう。

一人目の胎児は広島において、「五ヶ月迄育つて突然下りて仕舞」う。その死は単なる偶然というよりも、宗助が判断したように、京都を去らざるをえなくなって以後の「世帯の苦労」が、御米の身体に何らかの影響を与えた結果であるのかも知れない。

福岡でも宗助夫婦は「月足らずで生《うま》れて仕舞つた」赤子の生命を取り留めることはできなかった。二人目の赤子は宗助の経済力が豊かであれば、医者の指示通り「室内の温度を一定の高さにして、昼夜とも変らない位、人工的に暖め」ることによって、その生命を救うことができたはずである。宗助は自己の経済的責任を痛感すると同時に、御米に対して罪の意識を感じたことだろう。

東京に戻ってから御米は三たび懐妊するが、「臍帯纏絡《さいたいてんらく》」という不測の事態によって、「小児はぐつと気管を絞められて窒息して」亡くなってしまう。三人目の赤子の事故死は「罪は産婆にもあつた」にせよ、懐妊中に「御米が井戸端で滑つて痛く尻餅を搗いた」ことが遠因であった。御米が自己の失態に「徳義上の苛責を」感じると同時に、宗助に対して罪の意識を感じるのはそのためである。しかし、懐妊、出産といった女性の身体だけが関わる領域での破綻は、御米の身体と精神に直接的かつ痛烈な打撃《ショック》を与えずにはおかない。

御米は「其苛責を分つて、共に苦しんで呉れるものは世界中に一人も」いないくらいの打撃《ショック》を被るわけである。御米にとって、夫の宗助といえども男性である以上、「共に苦しんで呉れる」（以上、十三）人ではなかったのだ。この一度ならず、二度、三度にわたる子供の死こそが御米にとって、決して忘れることができない悲劇的体験なのだ。

二人の悲劇はそれだけにとどまらない。彼らにとって悲劇はつねに現在とともにある。たとえば、「夫婦はそれぎり話を切り上げて、又床を延べて寝た。夢の上に高い銀河《あまのがは》が涼しく懸つた」（四）というように宗助夫婦の性的交渉[5]が、たとえ唯一、ファンタジックに語られようとも、その交渉自体が二人に安井への裏切りと子供の死を想起させ、身体と精神が共に引き裂かれるような行為であるのかも知れないのだ。

かくして、宗助夫婦は子供を亡くしたことに関する罪意識を共有しつつ、しかし、その責任の所在は各々が分有することになる。この責任の所在の分有は個別的であるがゆえに、宗助と御米の間では相手を咎める立場を相互に確保する。このような事態が宗助夫婦の現在に亀裂が生じる原因となっているのである。宗助夫婦が「幼児に就て余り多くを語るを好まな」（十三）くなるのは、以上のような事情のためである。

2　屏風の役割

坂井の家が「此上もない賑《にぎ》やかさうな家庭」（七）として描かれているのと比較して、宗助夫婦は三人の子供を亡くしているため、野中家の内部では子供たちの声が聞かれるはずもなく、一見、実に「静かな夫婦」（五）生活を送っているかのように描かれている。野中家の声は基本的には宗助と御米の会話が中心なのである。しかも重要な点は、その会話が子供に関する話題に及んだ時、二人の間に、かなりの緊張感が走り、夫婦の会話がみごとに断絶することである。例えば次のような宗助夫婦の会話に注目すれば、彼ら夫婦が抱える事情は明らかであろう。

「貴方《あなた》先刻《さつき》子供がないと淋《さむ》しくつて不可《いけ》ないと仰《おつ》しやつてね」

宗助は是《これ》に類似の事を普般《ふはん》的に云つた覚《おぼえ》は慥《たし》かにあつた。けれどもそれは強《あな》がちに、自分達の身の上に就《つい》て、特に御米の注意を惹《ひ》く為に口にした、故意の観察でないのだから、斯《か》う改たまつて聞き糺《たゞ》されると、困るより外《ほか》はなかつた。

「何も宅《うち》の事を云つたのぢやないよ」

此返事を受けた御米は、しばらく黙つてゐた。やがて、

「でも宅の事を始終淋《さむ》しい〳〵と思つてゐらつしやるから、必竟あんな事を仰《おつ》しやるんでせう」と前と略《ほゞ》似た様な問を繰り返した。（中略）
「淋《さむ》しいと云へば、そりや淋《さむ》しくないでもないがね」と調子を易《か》へて成るべく陽気に出たが、其所《そこ》で詰つたぎり、新らしい文句も、面白い言葉も容易に思ひ付けなかつた。已を得ず、
「まあ可《い》いや。心配するな」と云つた。御米はまた何とも答へなかつた。（十三）

夫婦にとって、子供を亡くした辛い過去がなによりも切実な問題であるならば、共に黙して、それに耐えればよいものを、御米の辛い立場を考慮しない無神経ともいえる宗助の「子供がないと淋《さむ》しくつて不可《いけ》ない」という発言に、御米が腹立ちをない混ぜた哀しみを覚えたがゆえに、御米は自らの発言を封印し、宗助との会話を断絶させている。

石原千秋は「門」冒頭部分の「両膝を曲げて海老の様に窮屈になつてゐる」（一）宗助の姿勢《ポーズ》を胎児のそれと重ねて読むことによって宗助の胎児への回帰願望だと解釈している(6)。小森陽一は立身出世を断念した姿勢《ポーズ》だと判断している(7)。そして、尹相仁は「冬籠もりに入る動物の姿」だと主張している(8)。あるいは、子供を欲望する無意識の表象だと理解することも可能だ。しかし、御米にとって、その視界の中に停止する宗助の姿勢《ポーズ》をそのように多義的に解釈することが可能だということは、逆にいえば、御米が宗助の存在を一義的に確定することが不可能であることを意味する。つまり、宗助の無意識の姿勢《ポーズ》が御米に夫の存在を理解することを決定不能《ヒステリー》にまで追い込むことになるのだ。

しかも、先の宗助の御米に対する不用意な発言は、一義的に解釈不可能な身体表現を言語表現のレベルから自ら決定的に一義化することで、御米に亡くした子供の記憶をただちに現在に呼び戻させ、それを繰り返し確認させ、御米に子供を亡くした苦悩や子供のいない寂しさを素直に告白できないまでに沈黙させているのだ。

宗助の身体表現と言語表現との間にズレが生じるのは、宗助が御米のように死を産出した身体を自らの皮膚感覚を通して把握することができず、責任という感情や罪の意識といったレベルでのみ、その悲劇と関わっているためである。宗助が「子供がないと淋《さむ》しくつて不可《いけ》ない」というとき、そのような直接的な感情の表出は、御米の身体と主体の在り方を考慮の埒外に置き、御米の存在に寄り添うことができず、あたかも宗助自分ひとりだけが悲劇を生きているかのように錯覚し、御米の身体的記憶を通した過去の悲劇に同一化することができない自己目的的な発言になっている。

それればかりか、宗助は亡き子供のために作った「小さい位牌を箪笥の袖出《ひきだし》の底へ仕舞つてしま」（十三）うことによって子供を亡くした辛い過去の記憶を抱き続けることを回避しているのである。しかし、そのような仕種こそ極めて通俗的な悲劇の回収の仕方に他ならない。このように、宗助と御米の間では、子供の死の記憶をめぐって複雑な亀裂が生じているのである。そして、そのような亀裂が走り、宗助と御米がそれぞれ単独的になっていく徴候を宗助の父の「記念《かたみ》」（六）の屛風の売却過程に看て取ることができるのである。

さて、冬が近いという季節柄、宗助は「一つ新らしい外套を拵《こしら》へたい」というひとつの考えを抱いているのだが、御米もある種の「思はく」を抱いている。御米の「思はく」とは「此所《ここ》で十円足らずの金が入れば、宗助の穿《は》く新らしい靴を誂らへた上、銘仙《めいせん》の一反位は買へると云ふ」ものである。

はからずも、宗助と御米の「思はく」は、各々が身につける品物を得たいという点で一致している。やがて、宗助の父親の所有物であり、宗助にとっては「記念《かたみ》」の品物であった屏風が佐伯家（叔父・叔母）から宗助に届けられる。しかし、宗助の家では、それは「座敷の位置と広さから云つても、実は寧ろ邪魔な装飾であ」り、室内の「場塞《ばふさ》げ」になっている。御米にしても、時々、屏風に描かれた「真丸な縁《ふち》の焼けた銀の月と、絹地から殆《ほと》んど区別出来ない様な穂芒《ほすゝき》の色を眺めて」（以上、六）その屏風の価値に疑いをもっている。もちろん、屏風の図柄はテクスト（六）の時期が秋であることを共示しているわけだが、「月」はその縁が焼け、「穂芒の色」も褪せており、骨董品そのものである。

このような客観的要因を踏まえて、共通の「思はく」を抱く宗助夫婦は、必要な金銭を得るために、「二枚折の抱一《ほういつ》の屏風」（四）を町の古道具屋で交渉の末、「三十五円」（六）で売却する。そして、その屏風を坂井が「八十五円」（九）で同じ古道具屋から購入するのである[9]。問題は、屏風を売却して得た金銭によって、宗助が「外套」（七）を、御米のために「銘仙《めいせん》」（十三）を購入したことである。「二枚折の抱一《ほういつ》の屏風」（四）の「抱一《ほういつ》」とは一つに抱きあう謂いであり、夫婦の「和合同棲《どうせい》」（十三）や「抱合《ほうがう》」の暗喩となっている。しかも、「二枚折」という屏風の仕組みから、それはテクストの語り手が述べているように、夫婦が「道義上切り離す事の出来ない一つの有機体にな」っていることの比喩とも読める。

しかし、これまでの論述で明らかなように、宗助夫婦は語り手が言うように「一つの有機体」などではない。ましてや、「二人の精神を組み立てる神経系は、最後の繊維に至るまで、互に抱き合つて出来上つてい」（以上、十四）るのでもない。宗助夫婦は父の「記念《かたみ》」（六）の屏風を売却することで、語り手が言う「道義」（十四）さえも捨て去っている。まさに、自分たちに必要な物品を購入する過程に宗助と御米、各々の単独性が暗示され、家が格式や伝統にかわって即物的な空間と経済力だけで示される時代の到来が表現されているのだ。

3　夫婦の悲劇

かつて正宗白鳥は「門」を評して次のように述べていた。

　鎌倉の禅寺へ行くなんか少し巫山戯《ふざけ》てゐる。……作者はどの小説にも〳〵なぜこんな筆法を用ひるのであらうか。腰弁宗助の平凡生活だけでいゝではないか。作者はそれだけで世相を描き出し得る手腕を有つてゐるのである。(10)

正宗白鳥によれば、「門」はその後半部は不要であり、前半の「腰弁宗助の平凡生活」を描写するだけでよいという。しかし、そのようなスタンスからでは問題の所在は見えてこない。(11)すでに述べてきたように、宗助と御米の「平凡生活」の現在が安井を裏切った記憶と子供を亡くした記憶によって強く機制され、その現在が揺らいでいることが問題なのである。宗助は御米と一緒に暮らすようになってからも、安井の借家の「門」[12]（十四）の外部で佇んでいたときの自分たちの「影が折れ曲つて半分許《ばかり》土塀に映つたのを記憶してゐ」（同、傍点―引用者）るのである。そうであればこそ、宗助は安井の存在の影に不安を抱き、その不安からの自己解放を求めて禅寺の「門」（十八）を潜ったのである。一方、おそらく、門のない各地の借家の内部でその身体に悲劇を刻印し、苦悩し続けてきた御米は、子供の誕生の確証を求めて易者の「門」（十三）を潜ったのだった。このように、彼らが不安と苦悩から脱却することを自己目的として選択した門はそれぞれ異なっている。このような宗助と御米の個別的行為は、二人が「記念《かたみ》」（六）の屛風を売却して獲得した金銭によって個別的な物品を購入する行為と連動しているのである。

宗助は禅寺の「門」（十八）を潜る前に「ある歯医者の門《かど》」（五）を潜っている。宗助はその歯医者の「応接間」で「「成功《せいかう》」と云ふ雑誌を取り上げ」、その中に「風碧落《かぜへきらく》を吹《ふ》いて浮雲《ふうん》尽き、月東山《つきとうざん》に上つて玉一団《ぎょくいちだん》」という漢詩を認める。片岡良一[13]や古川久[14]の評言を参考にしていえば、この漢詩が意味している「心持」（以上、五）こそ、宗助が禅寺の門を潜り、そこで老師から「父母未生以前本来の面目」[15]（十八）の意味を問われ、悩んだ末に、宗助が「口にした言葉はたゞ一句で尽き」てしまうことに関係しているであろう。老師は「もつと、ぎろりとした所を持つて来なければ駄目だ」「其位の事は少し学問をした者なら誰でも云へる」（以上、一九）と宗助を批判するが、テクストには、「宗助の、口にした言葉」は具体的には何も記述されてはいない。「たゞ一句で尽きた」言葉は〈自然《しぜん》〉、あるいは〈自《じ》然《ねん》〉なのかも知れない。〈自然《しぜん》〉と解釈するのは、宗助が認めた漢詩に描かれていた「風」「雲」「月」といった〈自然《しぜん》〉の物象は人間（父母）が存在する以前から存在していたという自明な事柄がその根拠なのだが、〈自然《じねん》〉と推測するのは、漢詩の内容は〈自然《しぜん》〉の転変が〈自《おの》づから然《な》る〉という様相の下で描かれており、そのような様相こそが「父母未生以前本来の面目」に他ならないと思われるからである。

「宗助の、口にした言葉」をひとつの可能性として〈自然《しぜん》〉だと仮定し、それを批判した老師の言説に漱石の考え方が仮託されていると考えたとすれば、「其位な事は少し学問をしたものなら誰でも云へる」という老師の批判的言説は、「少し学問をした」自然主義派の作家たちに対する漱石の批判的言説と読むこともできるであろう。少なくとも第三者的に見る限り、他者から与えられた「父母未生以前本来の面目」という公案に宗助が明確に答えきれていたならば、禅問答のレベルにしろ、宗助は人間存在の本質を把握することができ、それはまた、父になりえなかった宗助にとって、亡くした自分の子供たちの存在＝非在をいかに把握しうるのか、といった課題にも同時に答えることができたはずだ。しかし、宗助の「一句」は「ぎろりとした所」のない「誰でも云へる」言説であった。宗助の過去の悲劇に対する自覚はその回収の仕種と同様、通俗的かつ不徹底なものであったのだ。

一方、御米は「易者の門」を潜り、「自分が将来子を産むべき、又子を育てるべき運命を天から与へられる」か否かを易者に問うが、御米は易者に「「貴方は人に対して済まない事をした覚えがある。其罪が祟つてゐるから、子供は決して育たない」と云ひ切」られる。「人（安井―引用者）に対して済まない事をした」ことと、子供が「決して育たない」こととは何ら必然的な因果関係はない。

御米が信じているのは罪の祟りという前近代的「迷信」に過ぎない。ただ、御米にとって、その「迷信」が「迷信」としてではなく、必然として理解されているからこそ、「御米は此一言に心臓を射抜かれる思があつた」（以上、十三）のだ。御米はこのような倒錯した自己認識によって子供に関する過去の悲劇をそれなりに相対化しつつ、かろうじて自己の存在を把握し、維持しているわけである。御米が自分自身の将来について、主体的判断を夫以外の他者に譲り渡したのは、自らの苦悩や寂しさを宗助に告白することができず、逆に、宗助によって沈黙せざるを得ないまでに精神的に追い詰められていたからである。

このように、「門」の前半部に描かれた「平凡生活」の中に潜在する不安や苦悩と後半部に現象するさまざまな門とは極めて密接な関連性があるのであって、漱石は少しも「巫山戯《ふざけ》て」などいないのである。なるほど、本来、言語化できない対象領域を言語化するというパラドックスの力学によって悟りの境地を獲得したり、運命の行方を予見するといった、一見、非合理に思える方法によって不安や苦悩を超越する道を探索しようとしているという点では、この夫婦の方法意識は共通している。しかし、御米は易者の門を訪れたことを宗助に報告しているのに対して[16]、宗助は安井の一件や参禅する理由を御米に語ってはいない[17]。

かつて、子供の問題についてはそのセクシュアリティからいって、御米のように子供の死という悲劇を自分自身の身体に内属させることができない宗助は、その利己的な発言によって御米を沈黙の世界に追いやり、二人の会話は断絶していた。しかし、今や、時を経て浮上してきた安井問題については、宗助は完全に沈黙を守っている。宗助にとっては、安井に対する裏切りの方が子供の問題よりもより切実な苦悩の原因であったのかも知れない。そして、今度は御米の方がその精神の危機的情況からの脱出を試みるかのように自己の苦悩を易者へ率直に告白している。このように、宗助と御米はそれぞれの門を潜り抜ける前と潜った後において、過去の記憶に対する現在のスタンスは著しく変容し、二人のコミュニケーションは一種、捩じれを含んだ非対称の関係になっているのである。

本稿のはじめに記しておいたように、現在を生きるということは、過去の記憶との関わりにおいて〈いま・ここ〉を生きることに他ならない。つまり、無数に存在する記憶の中で、ある特権化された記憶が現在を強く機制し続けるならば、それに対応して現在は絶えず生成・変容する他はなく、逆にまた、現在が変容するその仕方によっては、それが過去から現在に持ち越された切実な問題への応答になりえるわけである。

その意味では、「春」（二十三）になったことを喜ぶ御米と、「然《しか》し又ぢき冬になる」（同）と静かに応答する宗助の季節に関わる時間認識のズレが氷解した時、二人はその身体と精神に纏わる過去の悲劇を脱却し、新たな質の夫婦関係を獲得できるまでに変容を遂げているのかも知れない。

注1　対照的叙述については、中村明『日本語レトリックの体系』（岩波書店、一九九一・三）参照。
中村は対照法を「相反する性格の二者を並立させることで互いに他を引き立て合う効果をねらう表現

技術」と規定している。なお、畑有三は「門」（『國文學』學燈社、一九六九・四）で「門」における対照的な関係を、人物（宗助と坂井、宗助と小六など）、季節（秋と春）、日常生活（半日の生活と残る六日半の生活）などにみている。

2　越智治雄「門」（『漱石私論』角川書店、一九七一・六、所収）や平岡敏夫「『門』の構造」（『漱石序説』塙書房、一九七六・一〇、所収）がその代表的論稿である。

3　照応的叙述については、中村明前掲書参照。中村は照応法を「一つの文章中、間を隔てた各部が意義や形式のうえで互いに呼応するように配列する表現技術」と規定している。

4　酒井英行は「「門」の構造」（『漱石　その陰翳』有精堂、一九九〇・四、所収）で「『門』は伏線が丹念に描かれ（それは伏線という域を超えているのであり、夫婦の愛情生活と罪の問題との両方を不可分のものとして初めから描いていたものである）、結末に向かって整然と展開し、冒頭と結末とが絶妙に照応している作品である」（傍点―引用文）と断定し、小説の細部にわたって、さまざまな伏線を緻密に分析している。

5　宗助夫婦の性的交渉については、赤井恵子、藤井淑禎との鼎談における浅野洋の発言が有益である（『漱石作品論集成　第七巻　門』桜楓社、一九九一・一〇）。浅野は「夫婦の就寝を書いたのが七回ある」と述べ、「その中で僕の推定では、先ほどの「銀河」が「夢の上に懸る」第四章のシーンですね最もくさいと思われる」と語っている。

6　石原千秋は「この姿勢を〈胎児〉のそれであると考えることから逃れるのは大変難しい」「〈家〉の不在――「門」論」（『日本の文学』有精堂、一九九〇・一二、所収）と指摘している。

7　小森陽一は「都市の中の身体／身体の中の都市」（佐藤泰正編『文学における都市』笠間書院、一九八八

・一、所収）で『門』冒頭部分の宗助の特異な姿勢《ポーズ》は「安井を裏切った後は、世間に出ること（出世）を断念した。あるいは拒まれた存在になってしまっている。そうであるがゆえに、かれの身体は、「立つこと」を拒み、拒まれているのである。身を立てること（立身）を放棄した身体が縁側に横たわっているのだ」（傍点―引用文）と記述している。いわば、宗助の身体の姿勢《ポーズ》を「明治の青年たちの立身出世コース」から外れた身体表現であると把握しているのである。しかし、「明治の青年たち」という一般論に個別宗助が抱える問題を回収してしまうと宗助が抱える子供たちの死の問題は消去されてしまう。もっとも、小森は私が引用した箇所の後で、「子供たちの死の記憶は、崖下の家における停止する身体を支える深層部であった」と記している。

8　尹相仁は宗助の姿勢《ポーズ》は「穴の中へ冬籠もりに入る動物の姿を彷彿とさせる」と述べ、「薄暗い八畳の室内あるいはこの家全体は、宗助の意識の一隅では、おそらく原初的な棲み処の感覚を喚起する横穴と同質のものとして認識されていることだろう」（『世紀末と漱石』岩波書店、一九九四・二）とも述べている。しかし、宗助の姿勢《ポーズ》を「冬籠もりに入る動物の姿」として単なる動物的次元に還元してしまうだけでは、姿勢《ポーズ》に刻印されている人間的次元の問題は把握できない。拙論のひとつのモティーフは宗助の姿勢《ポーズ》の人間的意味を明らかにすることにある。

9　宇波彰は「「漱石的なもの」の反復の快楽」（『夏目漱石を読む』リテレール別冊5　株式会社メタローグ、一九九四・一一、所収）で、安井の移動と屏風の所有権の移動が「坂井の家を中心にして行われている」「円環運動」であり、「屏風の運動が、人間の運動とつながって見える」と指摘している。

10　「夏目漱石論」（『正宗白鳥全集　第二十巻　評論二』福武書店、一九八三・一〇、所収）。

11　この点について、酒井英行は「あまりにも自己の文学観に囚われすぎた意見でしかない」「『門』の構造」（『漱石　その陰翳』有精堂、一九九〇・四、所収）と厳しく正宗白鳥を批判している。

12　佐藤泰正は「作者はこの作中に、二つの〈門〉を描いてみせた。ひとつは言うまでもなく、終末に近くあらわれる禅寺の山門であり、いまひとつは宗助の回想にあらわれる〈運命の門〉ともよぶべきものであろう」（「『門』――〈自然の河〉から〈存在の河〉へ――」『夏目漱石論』筑摩書房、一九八六・一一、所収）と安井の家の門の重要性を指摘している。しかし、『門』には「二つの〈門〉」以外にも坂井の家の門（それは、かつて宗助の父の生前、隆盛を誇った野中家の門を宗助に想起させたかもしれない）や易者の門（佐藤の同論文ではこの門は指摘されている）、そして、歯医者の門も描かれていることも指摘しておきたい。

13　片岡良一は「中期の三部作――『三四郎』『それから』『門』――」（『夏目漱石の作品』厚文社、一九五五・八、所収）で「句に示されたような境地への、主人公のそこはかとない憧れ」を指摘しつつも、その「心境には、いかにもとってつけたようなもので、従って単なる伏線以上の効果をあまり持たない」と否定的評価を下している。逆に、伏線を設定することで、「主人公の内部的な究明という方向に持って行こうとする意図の、まだあまりはっきりしたものになっていなかったのを示すくらいのものになろう」と述べている。

14　古川久は『漱石の書簡』（東京堂出版、一九七〇・一〇）で、「この二句は『禅林句集』に「聯頌集上」から採ったものとして、「東山」は「青山」で挙げてある。宗助が不安に居たたまれず禅寺の山門を潜る第十八回から第二十一回までの伏線は、既にここで用意されていた」と指摘している。

15　鈴木大拙によれば、禅者は「生命そのものを、そのはたらくところに把えようとするし」、「生命の最も具体的なところ、実有的なところにおいて、その中ではたらこうとする」。そうであるがゆえに、「「天地未分以前」、または「父母未生以前」などというところを覗《ねら》う」と述べ、禅のひとつの特徴をあげている（『禅問答と悟り』新版鈴木大拙選集　第二巻、春秋社、一九九〇・一〇）。

16　西垣勤は御米が易者から言われた内容を宗助に対して、「決して言えないとも、すぐ宗助にぶつけるともならないで仲々言えないという心理として存在することは、普通の人間の心理としてリアルであるにしても、その範囲に限定されるものでしかない」（傍点―引用文）（「門」『漱石と白樺派』有精堂、一九九〇・六、所収）と指摘し、御米の微妙な心理情況を把握している。

17　柄谷行人は「この唐突な参禅において重要なのは、宗助がそれを妻に隠していることである。彼らは共通の過去をもち、世間からはなれた緊密な結合をもっているにもかかわらず、互いに通じ合うことのできない微妙な溝がある」（「『門』について」新潮文庫『門』解説、のち『漱石論集成』第三文明社、一九九二・九、所収）と正しく指摘している。

〔付記〕　本文の引用は『漱石全集　第六巻』（岩波書店、一九九四・五）に拠った。ルビは適宜省略した。

Ⅷ　言葉の編み出す力

＊内田百閒『冥途』論——恐怖と幻想の物語

はじめに

芥川龍之介は内田百閒の『冥途』（稲門堂書店、大正一一・二）について、「著書、『冥途』一巻、他人の廡下に立たざる特色あり。然れども不幸にも出版後、直に震災に遭へるが為に普く世に行われず。僕の遺憾とする所なり」と述べ、続けて「内田百閒氏の作品は多少俳味を交へたれども、その夢幻的なる特色は人後に落つるものにあらず」と評し、その「詩的天才を信ずる」（「内田百閒氏」『文藝時報』昭和二・七）と高く評価した。

この芥川の人物批評を念頭に、伊藤整は「内田百閒」（『作家論』筑摩書房、昭和三六・一二、所収）において、「私は個人としてもこの作家によつて純粋化され抽出された日本人の感覚の文学的な具体化に啓発される所の多いことを感じてゐる。私は百閒に、近代の日本人の感覚的な郷里を見てゐる」と主張し、さらに、「芥川龍之介には、大きな感銘を与へたやうである」「『冥途』は、明か《ママ》に「夢十夜」のより意識的な、そして純粋化された展開によつて踏み出されてゐる」と指摘していた。
以来、「夢十夜」の『冥途』への影響の指摘は、川村二郎『内田百閒論　無意味の涙』（福武書店、昭和五八・一〇）や高橋英夫『夢幻系列　漱石・龍之介・百閒』（小沢書店、平成元・一二）、そして、内田道雄『内田百閒――『冥途』の周辺』（翰林書房、平成九・一〇）に至るまで、ほぼ踏襲されているようである。川村二郎は「『冥途』の諸篇も『夢十夜』同様、分類しようと思えば、悪夢の味い《ママ》の濃いもの淡いもの、寓喩性の読み取りやすいもの読み取りにくいもの、といった具合に分けることが可能かもしれない」（「牛人伝説」前掲書所収）と述べている。

　高橋英夫は「『冥途』と『旅順入城式』は百閒の内なる夢物語であり、夢の諸情景が彼自身の内的風景としてえがき出されている」（『冥途・旅順入城式』解説、昭和五六・五、旺文社文庫、前掲書所収）と指摘している。その一方で、百閒が「夢や幻覚をえがいただけで終ってしまうのでは、何の意味もないということを強調しておく必要があるだろう。百閒は夢をえがいたのではない。夢の胸苦しさ、不安をえがいたのだ」（『無絃琴』解説、昭和五六・一、旺文社文庫、前掲書所収）と記している。内田道雄も『冥途』は「全き夢幻の世界」、「百閒の偉大な無意識の世界」が描かれており、その「主調をなしているのは絶え間ない生の不安と不気味である」（「百閒文学の輪郭」前掲書所収）と指摘している。

　本稿では、『冥途』の「私」の変容過程を追尋し、このテクストを単なる夢の表現としてのみ解釈するのではなく、「私」の恐怖と幻想がどのような回路を経て形成されていくのか、という視点から各短編を検討していきたいと思う。

1　接続詞の役割

「花火」は「私は長い土手を伝つて牛窓の港の方へ行つた」と書き始められ、「山東京伝」は「私は山東京伝の書生に這入つた」と書き出され、「烏」においても「私は長い遍路の旅をして来た」と書かれている。「私」の行動の始まりには、なんらの因果関係はなく、その行動の因って来たる理由や根拠は記述されず、突然、テクストの冒頭から「私」は動き始める。しかし、そのような創作技法が『冥途』という短編集すべての技法ではない。たとえば、「尽頭子」の冒頭では、「女を世話してくれる人があつたので、私は誰にも知れない様に内を出た」と書かれている。

この「誰にも知れない様に」という形容句が我々読者になんらかの疑念を抱かせてしまうにしても、「私」の行動の一応の因果関係は認めることができるのである。そのような疑念は、日暮れの田圃道を「子供を負ぶつた女が泣き泣き歩いて行」くのを、「私」が「その後をつけて行つた」（「木霊」）ことにも通じている。あたかも「私」の意思など存在しないかのような描かれ方である。あるいは、「私」という存在は「他者」と出遭い、そして、「他者」と取り結ぶ諸関係において存立すると言い換えてもよさそうなのである。

たとえば、「顔色の悪い女が一人」「私」に近づいて来て「御辞儀をした」ので、「私も黙つて御辞儀をするのであり、「御一緒にまゐりませう」と言うから、女が今来た道にも拘わらず、「しかし兎も角もついて行」（「花火」）くのである。山東京伝を信頼し、崇拝する「一人ぼつち」の「私」にしても「兎も角も、かうして山東京伝の傍に居られるのが、うれしい」（「山東京伝」）のであって、そのことは、「私」の山東京伝を慕う気持ちを示唆しているのであろう。川村二郎は「うごめく漱石」（前掲書所収）において、百閒の「漱石先生臨終記」（『中央公論』昭和四・一二）から引用しつつ、山東京伝のモデルが漱石である可能性を指摘している。

「尽頭子」の「私」もまた、「人の一人も通つてゐない変な道を、随分長い間歩いて行」くことで女の家にたどり着くのであり、しかも、「あんまり気持ちがよくな」くとも、座敷で「たつた一人だけで坐つてゐる」ことになる。ここまで見ても、『冥途』の諸テクストにおいて、「私」の孤独な在り様を指摘しておくことはできるだろう。しかし、そのことを指摘するだけでは極めて不十分であり、「私」が行動する際の転換点となり、ある種の幻想性を形成すると思われる語彙をここで指摘しておかなくてはならない。

「花火」においては、それは「すると」という接続詞がそれにあたるだろう。先に引用した箇所では、「私」が御辞儀をしたところで「するとその女が、しとやかな調子で、御一緒にまゐりませう」（傍線―引用者、以下同じ）と言っている。そして、「私」がその女について行くと、「すると入江の蘆の生えてゐる上に」花火が揚がるのである。さらに行くと、「すると辺りが何となく薄暗くなつて来て」、続いて「黙つて歩いて行」けば、「すると道の片側がぼうと明かるくなつて来」るのだ。「私」が女と別れようと思っても、「すると左側に広い白ら白らした座敷のある前に来」てしまう。帰ろうと思うと、「すると女が私の前に跪いて」泣き出してしまう。女を恐ろしく感じた私は再び帰ろうと思うのだが、そのとき、「すると女がまた云」う言葉は、「土手は浪にさらはれてしまひました。もう御帰りになる道は御座いません」といった按配なのである。接続詞「すると」は文と文を繋ぐ役割を担い、続いて起こる事柄を表すのに用いられることで、小説世界の展開に一定程度の役割が認められるにせよ、それにしても「花火」におけるこの「すると」の頻度は明らかに異様である。

　場面転換が「すると」という接続詞によって行われるがゆえに、それはまさに、「私」の意思に反するどころか、「私」の存在とはまったく無関係に事態が出来《しゅったい》するといってもよさそうである。あるいは、「すると」の使用によって、「私」の意思や判断がまったく意味を持ち得ないといっても決して言い過ぎにはならないだろう。さらにそのことが、読者の意識に小説世界の不分明性をもたらす。と同時に、読者は小説世界の進行にいやおうなく同伴せざるを得なくなるのではなかろうか。事態の展開が、明確な因果関係に即していないがゆえに、「私」とは無関係に立ち上がる幻想性といっても同じ事である。

「山東京伝」においても「暫らくすると」というように使用されている。他にも接続詞「すると」は二度使用されている。そして、このテクストで留意しなければならないもうひとつの接続詞は「けれども」である。「けれども」という接続詞は逆の関係にある前後の文を結びつける機能をもつ。「別に私の部屋は与へてくれない。けれども、私は不平に思ふ様な事はなかつた」「いろいろの人が、玄関を訪れて来た様だけれども、みんな、はつきり覚えられない」「私は早く飯が食ひ度くて堪らない。

けれども、山東京伝は、食へとも何とも云つてくれない」というように、「けれども」も又、数多く使用されている。問題は、「けれども」によって「私」の態度や感情、意思や判断などが決定的な影響を蒙り、しかも、「ない」という否定的言辞と組み合わされることによって、「私」の意識と存在が否定的に拘束されてしまうことである。「私」は訪問者を「みんな、はつきり覚えられない」のだし、「山東京伝は、食へとも何とも云つてくれない」のだ。それは、「私」を取り巻く人間的諸関係の網の目から「私」自身が脱落し、機能不全となり、いわば、宙吊りにされてしまう事態を意味している。つまり、そのような事態は人間存在の社会的危機以外の何ものでもないのであって、「私」の情況への態度決定が決定的に不可能になっているのだ。

「私」が山東京伝から出て行けと云われた理由について考えた場合も、幻想性が形づくられていく経緯をはっきりと看て取ることができるだろう。「私」が「玄関の脇で、丸薬を揉んで居た」ときに訪問してきた人物に注目してみよう。「私」は「不意に小さい人が訪ねて来て」と語っている。にも拘わらず、「私」は山東京伝に「只今、まことに小ひさな方が、玄関から上がつてまゐりました」と告げると、山東京伝は「これや、山蟻ぢやないか」と答えている。その後で、「私」はすぐに「光澤のいい山蟻であつた」と断定し、前言を翻している。通常、人間と蟻を区別できないわけはないのであって、「私」を巻き込んだ対象への認識の連続的な変異こそが、幻想性の内実であるという他はない。「蟻」が「丸薬をぬすみに来た」としても、「私」にしてみればそのような対象を「小ひさな方」と言うからには、それを正確に認識できていないがゆえに、判断不能となっているわけである。「山東京伝」

末尾に近い部分もそのことを端的に物語っている。

「私」は「道の真中」で「当惑してゐるごたごたした心持を、どこへ持つて行つて、片づける事も出来ない」まま、「けれども、山東京伝が、どうしてそんなに丸薬を気にするんだか、それはわからない」というようにこのテクストは終わっている。この末尾においても、先に言及した「けれども～ない」という構文が明確に機能しているのである。

要するに、「私」の不安は解消することなく継続したままなのである。付け加えていうならば、「ない」という否定の言辞を含む前後の文脈から「私」の精神的不安が産出されることによって、一種の幻想性が創出されているといえるだろう。三島由紀夫が「言葉の現実喚起の力の重さと超現実超自然を喚起する力の重さとは、ほとんど同じことを意味することになる」(「内田百閒」『作家論』中央公論社、昭和四五・一〇、所収)と主張した所以である。

2　物語としての変身

「件」(くだん)は、漢字文化圏以外で理解することは不可能なテクストである。それは、このテクストを西欧言語へ翻訳することが不可能であることを意味している。その根拠は、いうまでもなく、漢字が表音文字言語であり、同時に表意文字言語であるという性格に因っている。とりわけ、このテクストでは〈件〉は表意文字言語としての機能を存分に発揮している。

漢字の由来や構造、意味等を学習した者ならば、〈件〉という漢字はにんべん〈イ〉と〈牛〉という漢字との合成であることはその文字を見れば、直ちに了解できるであろう。また、その名詞が「いつものきまりの」とか「例の」といった意味であることも我々読者はすでに理解している。この抽象的な名詞である〈件〉という漢字に、百閒がある種の生命を与えていることが問われなければならない。このことがすでに「件」というテクストの物語の生成の始まりであるというべきだろう。

人から〈件〉へと意味もなく無根拠に突然、変異してしまった「私」は、不幸な事態に立ち往生することになる。このような操作によって「件」の幻想性が担保されているのである。その意味で「件」は、李徴が虎に変身して自尊心と羞恥心の狭間で苦悩する自意識の物語である中島敦「山月記」（『文學界』昭和一七年二月号）とは似て非なるテクストなのだ。むしろ、文字の持つフェティッシュな性格の解明という点からいえば、「件」の解説として、同じく中島敦「文字禍」（『文學界』昭和一七年二月号）を参照すると分かり易いだろう。漢字の持つ特性を活かした〈件〉という文字を採用することで、新たな意味を派生させ、それを物語の軸に据えているという点からいえば、「件」は、三島由紀夫が「カフカのメタモルフォーゼを思わせる名品」（「内田百閒」『作家論』中央公論社、昭和四五・一〇、所収）であると賞賛しているが、「件」はカフカの『変身』とは明らかに着想の次元が異なっている。

ましてや、「件」は父親から性的暴力を受けた後で、若い娘が滝、及び滝壺に飛び込み、小さな鮒へと変身し、自己浄化を遂げる太宰治「魚服記」（『海豹』昭和八年三月号）における確信犯的ともいえる変身譚とも異なる。カフカの『変身』の変奏と思われる小川国夫「黒馬に新しい日を」（『文學界』昭和四四年四月号）の「余市」の馬への変身とも異なっている。さらにいえば、社会や家族から引き籠り、

「俺」の視点から「グレーゴル・ザムザ」と自分自身を比較し、本当の自分を探し求める平野啓一郎「最後の変身」（『新潮』平成一五年九月号）は、カフカの『変身』を枠組としながら、さまざまな社会的役割の視点から変身を捉え直している。平野のこの横書きの小説は『変身』のパロディといえるが、その小説のタイトル自体が示しているように、これまでの数多くの変身譚の文字通り最後に、変身の物語を位置づけようとする作者平野の意気込みが感じられるテクストである。

たしかに、「件」は「山東京伝」における「私」の認識対象が「小ひさな方」が「山蟻」に変異することとは別に、人間と牛の差異が消滅し、他者としての〈件〉に変身する物語ではあるだろう。しかし、明らかにこのテクストの思想的な主題《テーマ》は、他我認識の可能性と不可能性の問題であるといっておくべきである。「からだが牛で顔丈人間の浅間しい化物」として「牛」から生まれてきた「私」のさまざまな行動が、集まってきた他者である群衆になんらかの「予言」をもたらすのではないかといった大きな期待を与えるのだが、「私」の外部に現れた行為は、「私」の本意にすべて反したかたちで他者に理解されることで双方の悲喜劇が生まれるのである。「人間」と「化物」は言語による交通ができないがゆえの悲喜劇だといってしまえば事は終ってしまうのだし、世の中は誤解と偏見に満ちているといってしまえば、それなりの処世訓となってしまうが、このテクストは、人の実際の心理の内奥は誰も外部から精確に把握することは不可能であることを描いているのであろう。

ただ、テクストの末尾で、「私」が「大きな欠伸をし」て、「何だか死にさうもない様な気がして来た」ことで、先に言及したいくつかの変身譚のテクストとは自意識の質が明らかに異なっている。

「私」には苦悩や困惑を突き抜けた、孤高とはいえないまでも、ある種の諦観的態度が認められるのである。しかも、その諦観的態度は決してネガティブなものではなく、むしろ、安心立命といった境地に着地しているように思われるのである。そして、そのことが、かろうじて「私」の〈件〉からの自己解放となっているのだ。

　同様に、「蜥蜴」も変身譚として読むことができるテクストである。このテクストは、「私」が「女」と繋ぐ手の温度差が決定的に重要である。見世物小屋に行く以前は、「私」が握った「女」の「手ざはりが冷たくて、握つて見ると底の方が温かかつた」のだが、「長く握つてゐると、段段熱くなつて来る」。「私」の不安と恐怖の始まりが「女」の手の温度の変化と、それを感じる「私」の皮膚感覚によって表現されているのである。やがて、「女を連れ出した」「私」の主導的立場が失われ、「私」と「女」との関係における権限や立場が「女」の側に移行し、「私」の恐怖感がせり上がっていく。テクストに即しながらその間の事情を見てみよう。

　見世物の広告で熊と牛との格闘の絵を見た瞬間、「私」はすでに見世物小屋に行く事を逡巡し、帰宅しようと思うのであるが、「女」はここからいち早く「私」に「まあ面白さうね、早く行きませう」と語り始める。この瞬間に、「私」の主導的立場は「女」に移行している。「女の手が次第に温かくなるやうに思はれた」のは、そのような文脈において把握しなければならないだろう。

　そして、「それ（「女の手が次第に温かくなるやうに思はれた」こと—引用者）も私には何となく恐ろし」く感じるのである。「それも」の「も」が意味するのは、「女」の手触りの温度の変化と見世物小屋の舞台上で演じられる熊と、〈件〉を一瞬思い出させる牛との格闘が連動していることを示唆している。そして、「私」が舞台上の動物たちの行動に恐怖を覚えるのと同様、いやそれ以上に、「私」は「連れて来た女が、次第に無気味に思はれ出して来」るのである。そのとき、「女の手は火の様に熱くなつてゐ」るのは極めて象徴的である。さらに、舞台上で「熊が飛びかかつて、牛の頸に前肢を巻きつけたところ」で、「女がいきなり飛びかかつて来て、私の頸に両腕をかけて、しがみつ」くに至っては、舞台上の動物の格闘と「女」が「私」に対する突然の行動との相同性は明らかである。

「蜥蜴」に限らず、「山蟻」や「烏」、「犬」や「牛」「狐」などの人間以外の動物が『冥途』の世界においては、人間との関わりにおいて、重要な役割を与えられている。「豹」はやや異なるにしても、それらの動物は「私」との親和的な関係を取り結ぶのではなく、むしろ、「私」に一種の恐怖感をもたらし、「私」を脅かし、幻想性の形成に深く関わる存在として登場していることは明らかである。

3　変転する現実と夢と幻想

「短夜」は、現実と夢と幻想が多層的に構造化されたテクストである。「短夜」一編が「私」の見た夢の世界であるという解釈も成り立つであろうし、また、このテクストは「私」が「狐」に化かされた幻の世界が描かれているというように解釈することもできるだろう。このテクストを多層的に把握するためには、「狐」の存在とその役割に着目しながら読むことが必要であろう。

冒頭の「狐のばける所を見届けようと思つて、うちを出た」という描写から「私」が「うち」を出る目的は明確である。その「私」が風の吹く晩に「狭い横町」を「曲がり」、「町裏の土手に上つ」て行くのだが、おそらく、「私」が上った「土手」が「暗い峠」（「道連」）同様、現世と冥途との境界を示しているのであろう。問題にすべきは、その「土手」の「向う」側の世界の動静である。「大きな狐が一匹」現れるのは「向うの暗い藪の中から」であり、その「狐」が池の水を掻き回すことによって「一匹」の「大きな鯉」を呼び寄せ、さらに、その鯉がより大きな鯉といっしょに泳いでおり、「さうして池の向うに」「若い女が起つ」ことになる。その「女」が「両手でその辺りの樹の葉や草の葉を掻き集めて、頻りに押し丸めてゐると」「何時の間にか赤ん坊になつてしまつた」というように、「狐」の行動から「女」と「赤ん坊」が出現することになる。この一連の経緯は連鎖的に描かれている。

記号論的にいうならば、このテクストにおいては、「大」と「一」がキー・ワードになっている。「大きな狐が一匹」や「大きな鯉」「大きな蛍」がそうであり、「大川の土手」や「小さい家が一軒」、「大藪の狐」や「大藪の大池」もその例に当たるだろう（傍点―引用者、以下同じ）。「提燈の灯りが一つ」もそれに該当する。さらにいえば、住職は「一人」であるし、かけている眼鏡は「恐ろしく大きい」のである。そして、住職とともに「山へ登りかけた時」に「私」に語りかける言葉は「ただ一言」であって、本堂には「私」だけが「一人坐」ることになり、最後に残るのは「瓦のかけら」「一枚」なのである。「大」という容量と「一」という数値が無限と孤独を表象しているといえば言い過ぎにはなるにしても、「この人の一存でこんな大事が起こつたのだ」と語る住職の言葉に含まれている「一」と「大」の語彙の見事な近接は極めて重要であり、それは、このテクストの夢と幻想と現実との分水嶺を確実に示しているといえよう。「この人の一存」というのは、「女の抱いてゐる赤ん坊」が「狐」に誑かされたモノか否かを判定するために、「一寸青松葉の煙にかけ」ることを「私」が「女」に強制することなのであるが、その結果、「大事な一人孫」が死ぬことになる。「大事な一人孫」にも「大」と「一」は使用されている。孫を亡くした「婆さん」が「気抜けの様になつてしまつて、神さんは気絶したま」になるといった事態が「大事」の結末であるが、実はこのテクストは、住職の言葉も含めて、「私」が「土手」に上ってから体験するすべての事象が幻想的世界を構成しており、「私」とあらゆる人物や事物との関係が事後的に判明した瞬間、それらは「狐」によって誑かされた結果であったというように読める構図になっている。

「私」が「土手」の上から「大きな蛍が五六十四一列になつて」「向うの藪の方へすうと流れて行」くのを目認するのが幻想的世界への誘いであればこそ、その「蛍が一度に消えてしま」うとしても、それらは「大事」の後で、「舟が土手の下に着いて」から「五六人の男」に変身して、再び「私」の前に現れてくるのであり、さらに「一連れの中に年を取つた坊さんが一人ゐ」るのだが、これもまた、「向うの暗い藪の中から」出てきた「一匹」の「狐」が化けた姿なのであろう。ただ、幻想的世界の只中で、あたかも亀裂が走るかのような言葉が発言されていることに注目しておく必要があるだろう。幻想的世界の崩壊を禁ずる言葉といってもよいのであるが、それは、山寺に行く途中で、「住職」が「私」に対して発した、「途中で後を振り向いてはならんぞ」という禁止の一言である。物語世界において禁止の言葉を破った場合、その世界は一瞬にして崩壊するという例はよく知られている。それは「短夜」の場合も同じであって、「私」が「振り向」けば、幻想的世界が崩壊することを暗示しているのである。その意味では、この幻想は夢とほとんど同義でもあるだろう。

要するに「短夜」は、「私」が夢と幻想が二重化した世界へ誘われ、その世界を体験し、一応は現実に立ち戻る過程を描き出しているのである。一応は、と記したのは、「私」が現実に立ち戻ったときに、「驚いて起ち上がつたけれども、どちらへ歩いていいのだか、方角もたたなかつた」という表現でテクストが閉じられており、そのことから、今後「私」が「土手」のこちら側の現実を生きて行けるのか否か、まったく予想がつかず、途方に暮れる様子が看て取れるからである。方向感覚を喪失した「私」の在り様は、やはり、その終りにおいて、「身動きも出来な」くなる「私」（「花火」）や「なんにも解らなくなつた」「私」（「蜥蜴」）、そして「からだが俄に重くなつて、最早一足も動かれな」くなる「私」（「道連」）と同じく、それは夢幻的世界を体験した後に、「私」が到達した生の極限を示しているといえるだろう。

4　視線の力学

『冥途』は〈歩く小説〉である。「流木」「蜥蜴」「道連」「柳藻」「支那人」「短夜」と読み進めると、浮上してくる一つの共通点は、「私」が頻繁に〈歩行〉することである。その一方で、『冥途』は「私」が〈立ち止まる小説〉でもある。「私」がある場所へと歩き出したり、ある場所から歩いて来たりすることから『冥途』の世界が展開し始めるのであるが、すでに述べておいたように、テクストによっては、その末尾において、「私」はあたかもその身体が拘束されたかのように硬直し、立ちすくむことになる。つまり、『冥途』は、「私」と他者が路上で偶然出遭い、その後の別離を包摂しながら夢幻的世界が立ち現れてくるテクストなのである。

たとえば、「流木」では、「私」が「寂しい士族屋敷の様な所を通つて」行くと、道に落ちていた蝦蟇口を拾い、それを警察に届けるために歩き出すのであり、「蜥蜴」においては、「女を連れて、見世物を見に行つた」「私」は曲がらない道を歩いて行く。「道連」では、「暗い峠を越して来た」「私」は最後に動くことができなくなってしまうが、それまでは「少しも休まずに歩いて行」くのである。「柳藻」では、「春の末」の「あたたか過ぎる日の午後」に「私は風を嚥みながら坂を上つて行」く。「支那人」においても、「私」は「賑やかな街を歩いてゐたら、大きな支那人」と遭遇してしまうのである。「短夜」に至っては、「私は狐のばける所を見届けようと思つて、うちを出」てしまうのである。

『冥途』の「私」は在宅、あるいは在室することが極めて少ない人物である。『冥途』は「私」が戸外において、しかもその歩行の途中で、他者と偶然出遭い、物語が展開していく場合が数多い。そして、注目すべきは、「私」が歩く道は多様な形状となっていることである。それは「人の一人も通つてゐない変な道」(「尽頭子」)であったり、「何時まで行つても道は尽きなかつた」(「烏」)り、あるいは、「何処まで行つても道が曲がらなかつた」(「蜥蜴」)りしているのである。道は時間と空間に制約されることなく、そこに存在しながら非在としての在りかたも示しているのである。道の存在と非在は歩行する「私」の存在と密接に重なっていると言い換えてもよい。『冥途』は自然・動物・事物などが存在しながら非在化し、非在しながら存在化しているテクストでもあるだろう。存在としての非在、非在としての存在。そして、それらが決して対立の構図を作ることなく、その両面において現前化しているのが、『冥途』の世界に他ならない。
『冥途』の世界において、現世と異界との境界は「横町」や「土手」、「峠」であるが、「石畳」においては道の形状と異界は密接に関係している。「石畳」における道は、「妙な工合にうねつて」いるが、まさに、この道の妙な「うねり」こそが異界への入り口になっているのである。そして、このテクストで問題にしなければならないのは、他者から継続的に見られる「私」の「顔」であり、さらに、見られているという「私」の自意識の在り様だろう。そこで、「私」の「顔」をめぐる自意識の在り様とその変化について考えてみよう。

何百とも知れない牛の行列が、矢張り同じ道を練つて行つた。牛はのそのそと歩きながら、時時瞬きをした。その具合が余程人間に似てゐた。丁度私の横を歩いて行く牛の顔は、何だか鏡で見た私の顔に似てゐる様な気がし出した。私はその牛と並んで行つた。

『冥途』において「私」と他者が遭遇するのは、ほとんどいつも偶然なのだし、その偶然が『冥途』の世界の初源なのだから、「何百とも知れない牛の行列」の中から「丁度私の横を歩いて行く牛の顔」が「鏡で見た私の顔に似てゐる様な気がし出した」としても、その偶然は、改めて問う必要はないだろう。問題は、「何だか鏡で見た私の顔に似てゐる様な気がし出した」ことにある。「鏡で見た私の顔に似てゐる様な」という微妙な表現は、「私」に限らず、人は自分自身の顔は「鏡」を媒介としてしか見ることができない以上、当然といえば当然のことではあるが、その一方では、このテクストにおける「私」の自意識の在り様が、この「鏡で見た私の顔」といった描写から始まっていることに注意を促しておくべきだろう。「私」は他者から見られる前に、すでに、「鏡」を前にして自分を見た経験をしているのである。そのような「私」が、〈見る―見られる〉といった自己と他者との関係において、いったいどのような世界が広がり、そして収束していくのか、この問題について検討しておく必要があるだろう。

「私」が寺の本堂に向かって「石畳」を歩いていくとき、片側にいる「幾人」もの人々が「ぢつと私を見て」おり、「私」の「顔の半分が、其方へ引張られる様な心持」がするのであるが、ここには、他者の視線を感受する「私」の意識の在り様が、皮膚感覚的である様子がはっきりと看て取れる。ここでは、「私」は他者から一方的に見られる対象にしか過ぎず、見る、あるいは他者を見返すといった主体的行為にはまだ至っていない。「私」は頭上の気配にすら見返すことはなく、本堂の上に掛けられている「額の中の鳥の目玉が動いたらしい」と意識するだけであって、「私」の周囲にいる「何百人何千人と云ふ見物」が「みんな私を見てゐる」にも拘わらず、ここでも「私」は周囲を見回すことはなく、寺の坊主から「私の顔をぢろりと見」られるだけなのだ。坊主以外の「五六人の男」が「私を見てゐた」り、「見物人はみんな私を見てゐる」という事態に至っては、「私」は他者から一方的に見られる客体となるのみなのである。つまり、「私」は他者から見られているということを過剰に意識しているのである。それゆえ、「私」は人がいない所ではなく「人の見ない所へ這入つてしまへばいい」と思うのであろう。強迫神経症といった病理を「私」に付与しても一向に差し支えがないような事態である。

「私の行く前」の道が「真直な道になつ」てから、ようやく、大勢の他者から見られる「私」が見る側に反転する。その瞬間、「見物の顔」が「畑に列んだ唐黍の穂」であることが判明する。いうまでもなく、道の形状が「うねり」から「真直」へと変貌したことが、異界から現実世界への帰還を示唆しているのであろう。「私」が見られる客体から見る主体へと転換したことで、「私」は現実世界に戻ることになるのだ。〈見る—見られる〉という関係に注目すれば、「石畳」は「件」の後日談として読むことができるテクストなのである。

「疱瘡神」においても「顔」はただ単に、他者から見られる対象であるばかりか、「疱瘡」が眼に見える形で発現する身体の一部分として重要な役割を担っている。このテクストにおいても、「誰も人の通つてゐない横町の淋しいところに出た」「私」は、さらに、「暗い露地」に入っていく。そして、「二三度道が彼方此方にうねつた」先で、これまでの暗い世界から「明るい広場」に出ることになる。もはや多言を要しないであろう。異界への越境はかくの如くなのだ。「太鼓」に「坊主」、さらに「五六人」の人々や「白い着物」といった語彙は明らかに「石畳」の世界とコードを共有している。ただ、「石畳」の「私」の見る行為は一度だけであるが、「疱瘡神」の「私」は「太鼓」の音をしっかりと聴きながら、「ふと上を見た」瞬間、真っ赤な色の紙片を「疱瘡」であると認識してしまうのである。

『疱瘡神――江戸時代の病いをめぐる民間信仰の研究』（H・O・ローテルムンド、岩波書店、平成七・三）によれば、「赤（朱）の色は、疱瘡をめぐる習俗・表象に見られる基本的な色彩であ」り、「赤は、魔除け、災難除けの代表的な色彩とされ、疱瘡が軽くて済むことを約束してくれると考えられた色でもあった」。さらに、その「赤という色彩のもうひとつの役割は、この色を家の外に示すことによって、病人の存在、疫病の存在を周囲に伝えて警告し、流行を阻止する手段となることであ」った。従って、軒の下に貼られていた赤い紙片こそ伝染病としての天然痘、すなわち、「疱瘡」が流行している地域であることを示していたのである。「私」は「疱瘡」が原因で亡くなった死者を葬る葬式の列に出遭うことになるが、この葬列は「私」とその「妻」、そして、見知らぬ「男」が「疱瘡」に感染し、死んでいくことを暗示しているのであろう。

彼らが亡くなって行く経緯を見てみよう。テクストの冒頭で突然、「顔にぶつぶつしたものが出て」いる「男」が「私」の家を訪ねて来て、「妻に会はせろ」と言うのであるが、その後、その「男」は「おいおい泣き出して」帰って行く。間もなく、「妻」もいなくなってしまう。葬列とすれ違った後、「私」は「向う側の汚い家」で「妻」を見つけるが、その時、「妻の顔」は「何時の間にか疱瘡」になつている。「妻」は「私」に、「男」が「末期の水を飲まして」欲しいと要求したと言う。「妻」の「疱瘡」はその「男」から感染したのは明らかだが、「私」が「妻」を背負って帰宅する途中で「妻」は亡くなってしまう。

テクストは、「さうして、さつき私が男の家から妻を負ぶつて出る時に見返した怨めしさうな男の顔が、目の前にありありと浮かんで来た」という一文で終わっている。「男」が「私」を見返す視線は、まもなく死ぬことになる「男」の不安を表象しているのであろう。そして、この「男」の孤独な立場は「私」自身のそれを投影しているといってよいだろう。というのも、「私」も「妻」から「疱瘡」に感染し、「私」は「死ぬ時にも、私は末期の水を飲ましてくれる女はゐないのだと思」い、「淋しくなつて来」るからである。

このテクストは、「疱瘡」が人から人に感染することの恐怖を描きながら、その病いを媒介として、自分の末期をいったい誰が看取るのか、そして、人は死に至るときに、孤独と不安にどのように向き合うことができるのか、ということを主題《テーマ》にしている。その意味で、「疱瘡神」は現代に生きる我々にも直接関係する切実な問題を描いたテクストなのである。

「疱瘡神」で描かれた視線の問題をさらに押し進めたのが「支那人」に他ならない。たとえば、他者の視線から決して逃れることができず、つねに仕方なく他者の視線を意識せざるを得なくなると、いったい人は如何なる変容を遂げることになるのであろうか。「支那人」はかかる課題に答えているテクストである。思わず「私」が「支那人」に「五十銭」貸してしまうのも、「うつかり片手を懐に入れて、蝦蟇口を握つた手もとを、つい支那人に見られた」からであり、「支那人が私の顔を見たので仕方がないから」船に乗り込まざるを得なくなり、「支那人がぢろりぢろりと私の顔を見てゐるから、私は仕方なしに支那人の廛に腰を掛けた」のである。さらにいえば、「支那人が私を見詰めてゐるから、動かれなかつた」のである。他者の視線と「私」の行動の密接不離な関係はもはや明らかだろう。このテクストにおいても、「私」を先のような行動に駆り立てる理由は存在しない。あるのは、他者の視線を過剰に受け止め、内面化し、それを行動の原理にしている「私」の独特な存在様式である。

さらに、「私」が歩く町は「風がいくら吹いても、ちつとも物音のしない、恐ろしく静かな町であつた」と語る「私」は、その町の雰囲気に何らの矛盾も感じてはおらず、「私」が到着した船着場では、「彼方此方で頻りに船が衝突して、すつすつと消える様に沈んでゐる」様子にも「私」は何らの注意を払うことはない。

「私」が「支那人」に連れられて行く途中で、天候が「辺りは陰気に曇つてゐるのに、山門の中には日がかんかんと照つてゐた」というような自然現象の矛盾もこの「私」は矛盾と感じることはないのである。「私」のこの諸矛盾へのまったくの無関心は、明確な因果関係もなく、他者から見られたから仕方なしに〈歩行〉を続けたり、立ち止まったりする「私」の内面世界とどこかで通底しているのかも知れない。その後、支那の歯磨粉の質をめぐって「支那人」と「私」が感情の齟齬をきたした結果、いきなり「支那人」が大声で怒り出すのであるが、「私には何を云つてゐるのだか、ちつとも解らない」し、その理由も理解しえないままに、「私」は逃げ出すことになる。おそらく、それは山東京伝の怒り以上なのだが、「支那人」は「恐ろしい声で怒鳴りつづけて、私に近づいて来」て、次第に、「おいおい泣きながら私を追掛けてゐた」というように変貌していくのである。「私」にとって矛盾を矛盾として正しく感得しえない事態が「支那人」というテクストの幻想的世界を成立させているのである。

5　言葉と現実

「流木」における出来事は、路上で「私」が「十円札が一枚這入つてゐた」「蝦蟇口」を拾ったことから始まっている。その「蝦蟇口」を警察に届けるために歩いて行くうちに、「私」は「心配になって」くるのであるが、その心配とは、「巡査に捕まりはしないか」「泥棒だと思つて縛りに来たらどうしよう」などと考えることにある。このような「私」の過剰ともいえる不安な自己意識は、すでに「私」自身に本来的に備わっている意識だといえなくもないが、結論を急がずに、しばらくこの「私」の自己意識が展開していく様相を追跡してみよう。

「蝦蟇口」を所持してしまった「私」は「一人の男」と出遭うのであるが、当初、「私」はその男の和装の外見から「探偵に違ひない」と判断し、そしてすぐその後で、「探偵だかどうだか解らない」とその認識を訂正する。次に、「洋服を着た男」が「お金を拾ひましたね。随分沢山ですか」と問いかけてくるのである。ということは、この「洋服を着た男」は「私」が「蝦蟇口」を拾ったところをどこかで観察していたことになるだろう。差し当たり、その場所はどこでもよいのであるが、重要なことは、「私」にまとわりつく他者の視線の存在をここでも確認しておくことである。この「男」は執拗に「私」を追跡してくるのであって、そのことは、「私」の追跡妄想といった病理が描写されているといえなくもないのである。従って、「私」の自己意識を先ほど述べた本能と捉えるのではなく、むしろ、過剰ともいえる対他意識に関わる病理性の問題であると捉え返すと、このテクストは理解し易いだろう。

ただ、そのような還元の方法とは別に、「男」の「私」に対する「「泥棒泥棒」と言った」〈声〉とその〈声〉を聞いた「私」との関係に着目しておけば、より重要な問題が見えてくるだろう。「泥棒」と言う他者の〈声〉が「私」の存在をその意思にまったく反したかたちで「泥棒」にしてしまう構図が、このテクストのひとつの大きな主題《テーマ》なのだ。テクストの末尾に近い箇所では、涙ながらに「私は泥棒になつてしまつた」と記述されていることに注目したい。J・L・オースティンは「その文を口に出して言うことは、当の行為を実際に行うことにほかならない」（『言語と行為』坂本百大訳、大修館書店、昭和五三・七、傍点—訳者）と述べている。それが「行為遂行的文（Performative Sentence）ないし、行為遂行的発言（Performative Utterance）」といわれている事態なのである。テクストという虚構《フィクション》の世界の言葉ではあるにせよ、オースティンの言う「その文」に相当するのがいうまでもなく「男」の「泥棒泥棒」という〈声〉であり、「実際に行うこと」に該当するのが「私は泥棒になつてしまつた」という一文であろう。この照応関係にある二つの文言は、「私」が「泥棒」という行為を意図するわけでもなく、また、実際に実行することもなく、「泥棒」になってしまったということを「私」が認識する仕儀となっている。

なるほど、言語表現と事実との関係において、「私」自身の言語や表現によって、いわば、確信犯的な意志によって「泥棒」になったり、あるいは他者から脅かされたり、唆されて「泥棒」になってしまう場合があり、それらは文字通り、「行為遂行的発言」として理解することができよう。しかし、このテクストでは、「私」は「蝦蟇口」を警察に届け出ようと意識しているにも拘わらず、その場所には到達することができず、自らの意思とはまったく正反対に他者からの根拠のない言葉によって「泥棒」になってしまい（正確には「泥棒」にならされてしまい）、私の認識と立場が構成されるということが問われなければならない。事は冤罪の問題ではなく、言語と行為との関係性の問題なのである。百閒はイギリス日常言語学派の代表的哲学者として知られているオースティンとは別に、「行為遂行的発言」を逆手に取ったかたちで言語と行為との関係を百閒なりに把握し、小説化しているといわねばならない。そのことに無自覚な読者だけが、このテクストの読了後に恐怖を感じることになるのである。「私」は「泥棒になつてしまつた」と自覚し、「泣き泣き又そつと蝦蟇口の中を開けて見た」瞬間、「私」は「十円札」を再確認すると同時に、一種の空虚感を伴った不条理を感じたはずである。

しかし、「白子」では、言葉と現実の関係を行為遂行的に把握することとは異なり、「神」の存在と非在の確認は、あくまでも言葉そのものの関係性の問題として展開されている。それは西欧中世スコラ哲学の唯名論対実念論の普遍論争を一瞬、想起させるにしても、普遍性の探究といった課題というよりは、むしろ「神」の存在と非在は、「神」が「ゐる」という「言葉」と「神」は「ゐない」という言葉の差異の問題として、ポスト・モダン的にいうならば、言葉の戯れとして描かれているのである。

つまり、神を信仰しようが否定しようが、それはあくまでも言葉のレベルの問題に他ならないと考えるその「私」の立場がこのテクストの冒頭で表明されているのである。ただ、小説世界において、そのような「私」の立場が果たして最後まで一貫しているのか、あるいは一貫することなく、途中でなんらかの変更を蒙ることになるのかといった問題は、検討しておかなければならないだろう。それを検討することが「白子」一編を読むということに他ならない。

「誰とも議論をしたのではない」「私」が「神」の存在をめぐって議論する相手は、「何時の間にか私と並んで歩いてゐる細長い顔をした女」であるが、「神」の存在（非在）を再確認する場所として百閒が設定したのは「数の知れない程ゐる」「黒犬」が座っている町角であり、異界への入り口となる「横町」の「狭い道」なのである。「女」に連れていかれた「耶蘇教」の信者が集うと思われる「家」で、「私」は「西洋人の様な顔」の「子供の白子」と出会うことになるが、白子と「土間の黒土」は対照的な色彩を構成している。

問題は、「私」が「一人の白子を踏み潰した」際に感じた「何だかぷりぷりした様なもの」とはいったい何かということである。内田道雄は、白子を「生命の原形質的な形」（「『冥途』から「山高帽子」へ」前掲書所収）と捉え、さらに、「不確実不定形な存在としての人間の形状」（「『冥途』の周辺」前掲書所収）であると指摘している。つまり、内田は白子を人間存在のアレゴリーと考えているのである。漱石的にいえば、白子は父母未生以前本来の存在を示唆しているのかも知れない。

ところで、そのような生命の原形を破壊した「私」が「洋服を着た脊の高い男」に「脇の下に両手をかけて、締めつけ」られ、「私」自身の存在が文字通り拘束されながら、その体勢ゆえに、「擽つたくて可笑しくて堪らな」くなり、「女」から「神」の存在の有無を問われ、「私」が「「ゐるよ、ゐるよ」と云ひながら笑ひつづけ」、「祈ります、祈ります」と言ったとしても、その言葉は、「私」が「神」の存在を全面的に肯定しているように受け取るわけにはいかない。むしろ、「神」の存在を信じる「女」に対する揶揄的発言だと考える方が正しいのかも知れない。従って、先に引用した内田の白子の存在理解は妥当な解釈であるにしても、「生命の原形質的な形としての白子なるものと、神への信仰の問題との接触点に触れるかに見えて、プロットは微妙なところでずりおちてしまう」（「『冥途』から「山高帽子」へ」前掲書所収）と理解することに反対はしないが、「女に向って神を祈ることを誓ってしまう」（同前）と解釈してしまえば、このテクストを読み誤ってしまうことにもなりかねない。

なぜならば、言葉の差異だけが「神」の存在と非在を区分するといった「私」の立場が「白子」の冒頭部分で表明されていたことからも分かるように、「私」が言う「神」の存在肯定も「神」への祈りの表明も、あくまでも相対的な言葉の問題にしか過ぎないからである。つまり、「私」は言葉がなんらかの実在を指示するといったレベルでは思考してはおらず、言葉と言葉の関係性のレベルで思考しているからに他ならない。極言していえば、「白子」は「神」の存在と非在、「神」に対する信と不信を言説レベルから無化しようとしたテクストであるといってよいだろう。

6　ドッペルゲンガーの恐怖

平山三郎が作成した「内田百閒年譜」（『日本現代文學全集41』増補決定版、講談社、昭和五五・五、所収）を参照しても、内田百閒には「生まれないですんでしまつた」兄など存在しない。百閒は明治二二

（一八八九）年に岡山県岡山市古京町の造り酒屋の長男として生まれている。しかも一人っ子である。「道連」に登場する「生まれないですんでしまつた」「兄」が「私」を「栄さん」と呼びかけているが、「栄さん」という呼称は、我々読者に百閒が生まれる前年に死去した祖父、栄造の名を受け継ぎ、百閒自身に名づけられた名前であることを想起させる。もちろん、「栄さん」と栄造（百閒）は必ずしも同一人物であるとはいえない。

とりわけ、幻想性が際立っているこのテクストを事実に還元してしまえば、酒井英行が「死者（肉親）との交感」（「第二章『冥途』の周辺 I『冥途』覚書」『内田百閒〈百鬼〉の愉楽』酒井英行、有精堂、平成五・九、所収）であると主張するような凡庸な結論を導き出してしまう。たとえ、その死者が必ずしも祖父を指示しないとしても、テクストの内容を作者の実生活や履歴に還元する安易な読み方は、小説分析の可能性を閉ざしてしまう虞があるだろう。

あるいは、テクストへの明確な分析視点を欠くならば、これまた酒井英行によって、「「道連」は一言でいえば怪奇譚である。怪奇によって無気味さ、恐怖感を表現した作品である」（前掲書）というように同義反復的な理解に陥ってしまうのである。仮に、「怪奇譚」と主張したいのであれば、その怪奇性の因って来る所以を物語内容に沿って論証しなければならない。

「道連」は「冷たい風」や「冷たさうな足音」、「土手の様な長い道」や「一足先の道も見えない」「夜」といった語彙を小説世界に散りばめることによって幻想的な情況を設定し、二人の人物が「兄」の呼称をめぐり、切迫する対話を経て、「私」の「からだが俄に重くなつて、最早一足も動かれなかつた」

事態へと至る物語なのだが、問題はこのテクストにおいて、〈歩行〉と〈停止〉が決定的に重要な物語の要素となっていることだ。しかも、その〈歩行〉が一人ではなく、二人によって行われていることが問題をより複雑にしているのである。

「道連」の男は「私」と「並んで歩い」ているのであるが、「私」は「自分の声が道連の声と同じ声なのにびつくりした」り、あるいは、「道連の声を聞いてゐるうちに、段段自分の声との境目がわからない様な気がして来」るのである。いったい、この二人の人物の〈歩行〉と〈声〉の重なりは何を意味しているのであろうか。この疑問を解明するために、芥川龍之介の短編「二つの手紙」（『黒潮』大正六・九）を参照しておこう。「二つの手紙」はドッペルゲンガーの問題を取り上げた短編として知られている。ドッペルゲンガーは二重分身、あるいは自己像幻視とも邦訳されているが、このテクストは「私」が警察署長宛てに出した二通の手紙から構成されている。

もちろん、二通の手紙それ自体がDoppelの暗喩なのであろう。そして、「ドッペルゲンゲルの出現は屢々当事者の死を予告する」との認識が「私」によって語られ、事実、「私」の妻が行方不明になってしまう。「二つの手紙」はドッペルゲンガーを見たものは死ぬことになるという伝承に従ったテクストなのだろう。『分身　ドッペルゲンガー』（オットー・ランク著、有内嘉宏訳、人文書院、昭和六三・一二）は、R・L・スティーヴンソンの『ジキル博士とハイド氏』（明治一九年）の主人公を「無気味な分身が明らかに自立化し、可視的になった自我の分裂形象にほかならない」と把握している。『ジキル博士とハイド氏』と「道連」を同列に論じることはできないにしても、「道連」の二人の人物の同時〈歩行〉と〈声〉の重なりに着目すれば、このテクストを先の芥川の短編と同様、その主題《テーマ》をドッペルゲンガー現象として理解することができるのではあるまいか。

さらに、「私」と「兄」と自称する「男」との出遭いと別れが描かれている場所について考えてみれば、このテクストの「怪奇性」は、より一層、明確になるだろう。「私」は一人で「暗い峠を越して来た」のであるが、「私」は「その場所も方角もわからない」のである。これから「何処へ行くのか解らない道を、無気味な男と道連になつて、歩いて行く」という描写が幻想的世界に向かっていることはいうまでもないだろう。問題は、その道を「人の通らぬ道なのかも知れない」と「私」が思うに至っては、その「私」は現実世界から次第に遠ざかっていくようにさえ思われるのである。さらに、「私」が向こうに見える灯りを称して「あれは人の家の灯だらう」と言うのに対して、連れの男は「あれは他人の家の灯さ、栄さん、己はお前の兄だよ」と答えているのである。そのように言われた「私」は自称「兄」の発言に「恐ろしい気が」するのである。

一般的には、人と他人は同義であるにも拘わらず、ここでは二人の対話は成立するどころか、明らかに齟齬が生じている。それは、連れの男が人と他人を異なる意味で使用していることから分かるのであるが、「暗い峠を越して来た」のは現世から来世への越境を意味しており、さらに、ドッペルゲンガーがこの世ではなく、彼岸の世界、つまり冥途において生じた現象であると考えれば、このテクストに峻烈な怪奇性を看て取ることができるはずだ。

もはや、この小説世界においては、「私」と自称「兄」という存在の区別などありはしない。「道連」は自己分裂した「私」が冥途をめぐる「怪奇譚」であり、「私」が「私」に語りかける自己像幻視の物語なのである。そうであればこそ、「今まで私と並んで歩いてゐた道連が、急にゐなくなつてしま」い、「それと同時に」、「私」の「からだが俄かに重くなつて、最早一足も動かれなかつた」のは、ドッペルゲンガー現象の終わりを象徴しているのである。と同時に、その現象の終わりは「私」が死ぬことの予告として読むこともできる。さらに、それをテクスト冒頭の「暗い峠を越して来た」との描写に接続して考えれば、「私」の生から死へ、死から生へとめぐる円環構造すら指摘することも可能なのである。

7　男と女の世界

「柳藻」は幻想と恐怖が完全に一致したテクストである。そのことは、「私」が「本当の女」を獲得できるか否かといった女性の所有と非所有をめぐる物語として読むことによって明らかになるはずである。「柳藻」は「女の子」だと思っていたのが、実は、「私」が殺害した「婆」であったとテクストの最後で明らかにされ、その瞬間に「私」が恐怖を覚えるといった内容のテクストである。問題は、そこに至るまでの経緯を問うことであろう。「これが本当の私の女だかどうだか解らないと云ふことをちらりと思つた」という一文を決して見逃してはなるまい。なるほど、何を目的にどこに向かって「婆」が歩いて行くのか、といった理由は不明であるし、「女の子」が「婆」の後を歩いて行く理由も分からない。さらに、その二人の後を歩いて行く「私」の理由など一切が不明である。三人はただひたすら歩くのみである。先を行く「婆」と「女の子」、その後を行く「私」との距離を問題にしなければならない。

最初、「私」は「足を早めて行くとぢきに、婆から女の子と、女の子から私との距離が同じくらゐになつた」のだが、さらにその距離が、「私の手が女の子の袖に触れさうになつた」りしながら、「そつと女の子の後について行」く。「私」が二人の後を追うのは、「早く婆から、女の子を引き離し度いと思ふ」ことだけがどうやら唯一の理由であるらしく、「もう一度彼女の袖を引いて」から「婆」の殺害に及ぶのである。この微妙な距離の詰め方はいったい何を意味しているのであろうか。もちろん、その距離は単なる路上での空間的な距離を意味しているだけではなく、先の「私の本当の女」という表現に注目すれば、男女の心理的距離の暗喩となっているのは明らかだろう。「私」にとって、その「女の子」が「女」として、しかも「本当の私の女」かどうかが、解らなくなる、まさにその瞬間に、「私」の「一打ち」によって「婆」は手も足も折れて死んでしまい、「私」が「女の子の手を力一ぱい強く握り締めた」ところで「冷たい手がぽきりと折れ」てしまうのである。明らかに「婆」の折れた「手」と「女の子」の折れた「手」は照応している。その照応関係が成立するがゆえに「私」は「本当の女」から遠く隔てられることになってしまうのだ。「女の子」が「婆」に変貌したことによって、「私」は「本当の女」から確実に隔てられたことを確認せざるを得なくなってしまう。それがこのテクストが表現した恐怖の内実なのである。

「疱瘡神」においては、「男」と「妻」と「私」との三者の関係が描かれ、「私」が「男」のもとから「妻」

を救出することに成功するが、「波止場」においては、「私」は「男」に「妻」を奪われてしまう。いわば、「波止場」は「男」を「間男」として認識せざるを得ない過程が描かれたテクストなのである。「男」と「妻」はどのように描かれているのであろうか。また、彼ら二人に「私」はどのように対応し、どのような心理的な影響を蒙り、変貌していくのであろうか。

このテクストにおいて、「妻」と「男」が「私」のもとから離れていくのは波止場においてである。波止場に着いている「蒸気船」の中には、先に「男」がおり、波止場側に「妻」と「私」がいて、その間にかかる「細長い板」を渡って船に人が向かうのであるが、「ふと」、「私」が見るのは板の下の「性根の悪い色をした青黒い水」なのである。すでに船に乗り込んでしまった「妻」は、この段階では、「小さな窓から顔を覗けて、心配さうに私の方を見てゐた」のであるが、「妻の顔が引込んで、例の男の顔がその窓から覗」き、「水が顔に映えて、大変美しく見え」、次に「妻」が同じ窓から顔を出したときには「妻」と呼称されずに、ただ単に「女」と呼称されている。その後、また「妻」と呼称されるが、ここで「妻」と「女」がはっきりと書き分けられていることに注目しておくべきだろう。

その書き分けは、「男」との関係において、「妻」が婚姻関係と無縁になった「女」へと変貌を遂げ、「男」との関係が成立したことを暗示しているのだ。そうであればこそ、その後、船が動き出してから「小さな窓に女の顔がのぞいて、恨めしさうに私の方を見」ることになるのだろう。もちろん、「青黒い水」の色と男の顔の美しさはアンビバレントな関係にあるのだが、そのこと自体に「男」の「間男」性が表象されているのであって、その後、たとえいくら「私」が「妻」を追跡しようとも、すでにこの時点で、「私」と「妻」との蜜月関係は崩壊してしまったと読めなくはない。「妻」ある「私」が他者としての「男」を「美しい」と思った瞬間において、すでにこの夫は、ある意味、敗北していたのである。

その後、船から汽車に乗り換え、窓から交互に覗く「男」と「妻」の顔は、二人の関係が進展していることを除けば、船の窓からそれぞれ覗いた顔の反復に過ぎない。汽車や船の小さな窓から交互に顔を出すのは、「私」と「妻」と「男」の三者が一緒になる場面が巧妙に回避され、「私」と「妻」、「私」と「男」といったように個別的にしか相手を認識できないことを意味しているのである。そのことによって、「私」と「妻」との関係が「男」の存在によって引き裂かれていることが見えてくるのである。

そして、「私」は「妻」と「男」を追跡するために、乗車した後続の汽車の中で、同乗した隠居の「根性のわるい顔」や坊主の「少しにがいやうな笑顔」に注意を払うことで、「妻の事を考へてはゐなかつた」り、「妻の事を忘れかけ」るようになっていく。「私」の「妻」への思考停止とあたかも連動するかのように、汽車が駅に着いてから、「私」が「妻の方を見た」としても、「妻」は「ちつとも私の方を見な」くなり、「どうしても私と目が合はなかつた」という最悪の事態に至るのである。「男」は「私の顔を見て、今までに見せたこともないやうな美しい笑ひ顔をした」ことで、「私」は彼ら二人の世界から完璧に放逐されたといえるだろう。しかし、このテクストに書き込まれている「長い土手」、それは「妻」の後を追う「私」が汽車の発車時刻に間に合うように、「車屋」の「車」に乗って走る場所なのだが、その「土手」が異界と現実世界の境界を示唆しているのは明らかであろう。

汽車も「死んだ様に横たはつて」と形容されている。このような描き方に着目すれば、「波止場」も〈冥途の世界〉での出来事が描かれているように思われるのである。

8　戯れる言葉

宮澤賢治『風の又三郎』では、風が吹くと高田三郎が登場し、物語が始動する。そして、三郎は風雨と共に山奥の分教場から去っていく。「木霊」は、風が吹き止んでも物語の展開は止むことはない。むしろ風が吹き止んでからが問題だ。「風が止んだら女の背中の子供が泣き出」すのであり、風が「吹き止んだ」後で、「私の前を行く子を負うた女の泣声ばかりが何処までも何処までも私を引張つて行」くのである。一見、なんら因果関係のない描写がこのテクストの恐怖を支えているといってよいだろう。「木霊」に散見される「様な気がした」という表現に注目しよう。「私」は「道の端に」ある「石地蔵」の「前に小ひさな御燈明」を見て、「何となく今ともしたばかりの、新らしい火の様な気がした」のであり、女についていくと、「仕舞に家へ帰れなくなる様な気がし出した」りもする。また、女の「泣き声が思い出される様な気がして」、その場を「どうしても離れることが出来な」くなるのである。決定的な断定でもなく、かといって単なる推測でもなく、その間にあって、「私」の判断を留保し続ける表現としての「様な気がした」は、このテクストに一種の不安定さをもたらしている。

このテクストの場合、「私」が目の前の事態を明確に自己責任のもとで判断し、「私」という主体が事態の展開を完全に引き受けるわけでもなければ、推測するだけでその事態と距離を置き、場合によっては、事態から回避するということもせず、ただ、「私」は事態の推移に「様な気がした」というような不透明な意識のままに随伴せざるを得ないからこそ、「私」に心理的な不安定さをもたらしているのである。この心理的な不安定さは「私」の恐怖感に繋がっているように思われる。なるほど、日暮れに田圃、子供と石地蔵とくれば、ここはやはり、夏目漱石の『夢十夜』の「第三夜」との関連性を検討する必要があるだろう。しかし、すでに酒井英行『内田百閒〈百鬼〉の愉楽』（有精堂、平成五・九）や内田道雄『内田百閒――『冥途』の周辺』（翰林書房、平成九・一〇）がその関連性に言及・検討しているので、取り敢えずここで再説する必要はあるまい。

『冥途』にはさまざまな動物や鳥類が登場し、それらが重要な役割を担っている。「豹」というテクストはそのタイトルからも分かるように、文字通り、「豹」の存在そのものに関わるテクストである。「私」は「小鳥屋」の前を通るたびに、「目白や野鵐や金糸鳥などの」「小鳥」を目にするのであるが、その「小鳥」がいつの間にかいなくなって「鷹」が「雛を育てて」いる。後日、その雛は「鷹」ではなく、「鷲」であることが分かり、「隣の檻」の「豹」がその「鷲」の「雛」を狙うといった弱肉強食の連鎖の構図が描かれている。

そうした後で、「豹」が「私」を襲って来るのであるが、すでにその前に、「豹」は「牧師」と「法華の太鼓たたき」、つまりプロテスタントの教職者と法華経関係者を喰い、さらに「私」と関わりがあると思われる「痩せた女」も喰っているのである。そして、その女を喰ったときに、「豹」は「私」の方を向いて「笑つたのではないかと思ふ」というように描かれている。この笑いを笑いとして断定することができない曖昧さは、「私」が「豹」に対して、「あれは豹の皮を被つてゐるけれども、ほんとは豹ではないのかも知れない」という曖昧な懐疑に通底している。つまり、このテクストは、理性的認識よりも恐怖の感情が先立っているがゆえに、正しく「豹」の存在を把握することができないように描かれているのである。そのような描写がある種の幻想性を表現しているということもできるだろう。

そして、「豹」から逃げて入った家の中にいた数人の中の一人が「私」に対して「洒落なんだよ」「過去が洒落てるのさ」と発言した後で、皆が一緒に笑うのであるが、この「過去が洒落ているのさ」と言う語りかけには、「私」の気づかない「過去」、それを無意識といってよいのかも知れないが、そういった「私」の無意識が「私」自身を愚弄とまではいえないにしても、揶揄していると読むことができるのである。あるいは、食物連鎖の最後に位置する最も凶暴な存在としての「豹」を、人間存在のアレゴリーとして考えることもできるだろう。「豹が何時の間にか家の中に這入つて来て、みんなの間にしやがんで一緒に笑つていた」という結末は、人間と「豹」が共存する荒唐無稽な「洒落」の世界、つまり、冗談（ナンセンス）が幻想的世界として描かれていると考えることも可能である。

9　父親への思慕

「冥途」の主題《テーマ》は、はっきりしている。それは亡き父親への「私」の追想であり、思慕であり、懐旧の念を自覚することだ。それは、すでに内田道雄が指摘しているように、「作者の心象風景を描いたもの」（「夏目漱石と内田百閒」前掲書所収）でもあるだろう。このテクストも他の一部のテクストがそうであったように、「土手」が幻想的世界への入り口となっている。「私」は「土手」の下の「一ぜんめし屋」の「腰掛」に腰掛けているのであるが、すでに「私」は、「ただ何となく、人のなつかしさが身に沁むやうな心持でゐ」るのである。隣に腰掛けた数人の客の中の一人の男の「声」が問題である。結論を先取っていえば、このテクストでは、その「男」の顔や姿はまったく描かれることはなく、男は「声」だけで表象されている。「烏」というテクストについても同様のことがいえるであろう。

「烏」というテクストは、「長い遍路の旅をして来た」「私」が宿泊する宿屋の隣座敷から聞こえてくる烏の鳴き声と宿の外から聞こえてくる犬の遠吠えが相乗効果をもたらし、男女が出入りする隣座敷がほとんど物音のみで表象され、実際は、その室内において何が行われているのかということが「私」の想像に委ねられているがゆえに、「私」に恐怖心を与え、必要以上に「私」が覚醒せざるを得ず、眠れなかった、ではなく、「眠らなかった」旅人の物語であった。姿なき「声」が果たす役割は、実在を想像する上で、大きな効果をもたらしているのである。

男の「声」に着目しながら「冥途」を読み進めてみよう。「悲しみの源を忘れてゐる」「私」に、それをあたかも思い出させるのは、同席した数人の人たちの中から発せられる「大きな、響きのない声」が聞こえてくることに関わっている。おそらく、この「悲しみの源」とは、父を亡くしたことに違いないが、その「声」を聴いてから「私」は、「俄にほろりとして来て、涙が流れ」、「今の自分が悲しくて堪らな」くなってしまうのである。その「声」の男は、先ほど述べたように、顔や姿は一切見えず、「五十余りの年寄り」と記述されてはいるものの、「影絵の様に映つてゐ」るだけなのだ。もちろん、亡くなった父親をその「声」のみで表象させることは、ただ単に死者を描く手法というだけでなく、「私」が父という存在を想像する役割も担っているのであろう。「私」の父への思慕の念をより一層、増幅させる効果をもたらしているといってよい。

懐かしく感じるのは「声」ばかりではない。蜂の動きによって発する物音が父親の存在を想起させる導きの糸となって、「その人」が大きな蜂を「親指」で表現するのであるが、まさにその「親指」こそが、父親の身体の一部を暗示しているのだ。そうであるがゆえに、「私」はその指に「何だか見覚えのある様ななつかしさが、心の底から湧き出して、ぢつと見てゐる内に涙がにじん」でくるのである。さらに、男の「声が次第に、はつきりして来るにつれて、私は何とも知れずなつかしさに堪へなくなつた」りもするのである。「さつきの人」や「その人」と書き込まれながら、「私」が最初に泣きながら発する言葉が「お父様」であるのは極めて象徴的であり、必然的な言葉である。その言葉を発することによって、「私」の父への思慕の念が頂点に達したのだといえよう。

しかし、「私」の強烈な父への想いにも拘わらず、「その人」とのコミュニケーションがつかぬまま、「四五人一連れの客」たちは「何時の間にか土手」に上がって去っていく。その時でさえ「その中の父」の姿は、「私」の「うるんだ」涙によって確認することができないのである。見えるのは「カンテラの光」に照らされた「私」の「影」だけである。おそらく、「私」の「影」は「五十余りの年寄り」の「影絵」と同じ位相にあるのだろう。この「年寄り」に「私」の父が投影されていると考えれば、「冥途」には、亡くなった父も現在の「私」も「影」としてしか存在しえない世界、つまり、〈冥途の世界〉の只中にいることが表現されているのである。

おわりに

本論考は、『冥途』の各短編を一定の主題《テーマ》や表現の特質のもとにカテゴライズし、そのカテゴリーごとの世界の構造を分析・検討しているが、当初は、伊藤整が言うところの「純粋化された日本人の感覚」なるものに留意しながら読むことを心掛けた。というのも、「疱瘡神」や「狐」、「田圃」や「土手」、そして、「石地蔵」や「冥途」などの語彙に着目することによって、日本の風土や日本人の心性の特徴を解明することができると考えたからである。

しかし、そのような問題に還元したところで、『冥途』の世界を縮小再生産するばかりであるように思われた。積極的に日本人の故郷論や感覚論、民話論として『冥途』を読むことをしなかった所以である。むしろ人間こそが、幻想や夢や観念を有し、それらを紡ぎだしたり、それらから影響を受けながら生きていく存在である以上、人間存在と夢や幻想との関係を論じることの方が重要であると考えた。

今回は、『冥途』のテクスト分析を主眼に置いたため、残した課題も数多い。『冥途』と漱石『夢十夜』との関係の再検討、百閒文学における『冥途』の位置の解明、日本近代文学における幻想文学としての『冥途』位置づけ、といった問題などがそれである。先行研究を批判的に検討しつつ、機会を得ることができれば詳細に論じたいと考えている。

〔付記〕　本稿を『日本文学論叢』第35号（法政大学大学院日本文学専攻研究誌、二〇〇六・三）に掲載した後で、遅れ馳せながら、紅野謙介「文学へのフェティシズム――内田百閒『冥途』という書物」（『投機としての文学　活字・懸賞・メディア』新曜社、二〇〇三・三、所収）を読む機会があった。

そこには、すでに「『冥途』は、「すると」と「けれども」に支えられたテクストなのである」と指摘されていた。そして、詳細かつ鋭いテクスト分析が行われていた。本稿の「1 接続詞の役割」の記述内容と多分に重なる。当然のことではあるが、『冥途』における接続詞分析のプライオリティは紅野論文にある。そこで、拙論を本書に収録することに躊躇したが、拙論には紅野論文にはない視点で『冥途』を論じている箇所もあるので、文字通り、拙い論ではあるが、本書に収録することにした。なお、紅野謙介は「死者を語る言葉」（『文學界』二〇〇三年一一月号）でも『冥途』について論じている。

本文の引用は『新輯　内田百閒全集　第一巻』（福武書店、一九八六・一一）所収の『冥途』に拠った。

あとがき

『貧困の逆説——葛西善蔵の文学——』(晃洋書房、二〇一一・九)を上梓してから、早いもので、今年で七年目になる。この間、いくつかの大学で日本近現代文学に関する講義と演習を担当させて頂いた。そして、現在も担当している。講義と演習の準備に加えて、非常勤講師とはいえ、法政大学では業務の一環として学生の卒業論文の指導にも関わってきた。その他の各大学では、学生から要望があった場合、ボランティアとして学生たちと卒業論文に関するセッションを行ってきた。と言えば、聞こえはいいが、要するに、研究活動をサボっていたのである。

先の著書刊行後、紅野謙介さん(日本大学教授)には、刊行のお祝いの会を設けていただいた。二〇一二年七月二二日(日)のことである。その会に多忙な時間を割いて、長年、お付き合いのある小森陽一さん(東京大学教授)と関礼子さん(中央大学教授)が駆けつけて下さった。会では、金井景子さん(早稲田大学教授)の手料理が振る舞われた。食材は紅野さんの調達によるものだった。どの料理も大変美味しく、私にとっては人生最良の日だった。小森さんは心地よく酔い、関さんは拙書を持参して喜んで下さった。そのとき、紅野さんから、あと一冊は書籍を刊行するように強く勧められた。

紅野さんの激励は私を勇気づけたが、以後、その言葉は、私にとって精神的にかなり大きな負担になった。しかし、その一方で、いつも心の隅では紅野さんの言葉に応えたいと思っていた。また、学会以外で、年に一、二度しか会うことがない小森さん、関さんからも有形・無形の数多くの励ましを受けていたので、論文集の刊行というかたちで答えを出さないと義理を欠くことになると思っていた。幸い、この度、ようやく論文集を刊行することができた。識者の判断からすれば、各論文の内容には多くの不備があり、論旨が不明確で説得力に欠ける点があるのかも知れない。しかし、私としてはできる限りの力を傾注したつもりである。

本書の構成について触れておきたい。本書は既発表の論文六本と書き下ろしの論文二本、合計八本の論文から構成されている。本書収録に際して、既発表の論文すべてに加筆・修正を施した。分析対象とした文学テクストは、堀田善衞「広場の孤独」、夏目漱石「門」、内田百閒『冥途』以外は、概ね私小説という文学ジャンルに入るはずである。

本書に「広場の孤独」論を収録したのは、このテクストとの関係において、日野啓三の初期文学テクストについて論じたからである。一九六〇年代のベトナムを舞台にした一連の短編小説は、日野のベトナム特派員体験と切り離して理解することはできない。日野の初期文学テクストは、個人的な体験を踏まえて虚構の様態を描いている。その限りにおいて、私は日野文学に私小説性を見ている。

「門」論は、私が法政大学大学院入学以前に書いた論考である。「門」を議論の俎上に載せたのは、さまざまな事情はあったにせよ、崖下の家でひっそりと暮らす宗助と御米夫婦に人生の悲哀と幸福を感じたからである。漱石文学の中で最も興味・関心があるテクストである。

『冥途』論は、大学院入学直後に書いた論文である。『冥途』については、他の論考と形式を異にしている。自由気ままに論じたので、その論考は研究論文というよりは、むしろ、出来の悪い批評文に近いのかも知れない。これらの論考は、本書のタイトルで示したコンセプトとは異なるが、私にとっては愛着がある論考なので本書に収録した。本書のメイン・タイトルを「私小説というレトリック」と称したのは、虚構《フィクション》としての私小説の構造を支えるレトリックの特徴を解明することを心掛けたからである。それが成功しているか否かは慧眼な読者の判断に委ねる他はない。

「人は人に出会って人になる」とは、人間的にも学問的にも尊敬してやまない山崎一穎さん（跡見学園女子大学名誉教授、森鷗外記念会顧問）が、ある日、私の学位取得を祝して持参して下さった色紙に書かれていた言葉である。おそらく山崎さんの座右の銘ではなかろうか。このメッセージに倣っていえば、これまで、私は数多くの人たちと出会ってきた。しかし、現状では、その出会いによって私が人として成長しているとは必ずしも言い難い。にも拘わらず、文学研究者の端くれとして、私が現在あるのは多くの友人、知人、学問研究の先達のお蔭である。とりわけ、法政大学大学院在学中は、当時、教授の勝又浩さん（文芸評論家）、立石伯さん（文芸評論家、作家）、川村湊さん（文芸評論家）の指導を得ることができた。大学院修了後は、田中和生さん（文芸評論家、法政大学教授）と中丸宣明さん（法政大学教授）から同大学の通信教育部のスクーリングの授業を含む仕事の依頼があった。同じ頃に、川津誠さん（聖心女子大学教授）から近代文学の講義と演習を担当して欲しいとの要請があった。同大学で、森鷗外文学の研究者として知られている大塚美保さん（聖心女子大学教授）とも知遇を得ることができた。

日本大学への出講については紅野謙介さん、早稲田大学への出講については金井景子さんのご尽力のお蔭である。亜細亜大学で数回、特別講義を担当する機会に恵まれ、八潮市のやしお市民大学で日本近代文学について講じる機会が得られたのは、中央大学に移籍される前に、亜細亜大学教授であった関礼子さんのご配慮によるものである。

近年、小森陽一さんからかわさき市民アカデミーで文学のワークショップを担当して欲しいとの依頼があったこともここに誌しておきたい。生涯学習を目的とするワークショップは、単位取得に関わる大学のゼミとは異なる。それゆえ、切実な問題意識を抱いて受講される方々から知的刺激を受け、啓発されることも多かった。改めて、文学を学ぶことは生きることに通じていることを実感した次第である。以前、所用で東京大学（駒場）の小森さんの研究室を訪ねたときのことも書き落とすことはできない。私が訪問する直前に、小森さんはＫＢＳ（韓国放送公社）の取材を受けておられたようであった。その際、ＫＢＳから小森さんに贈られた手土産を「お母さんに」と言って、さりげなく、私に手渡して下さった。

また、ある時、旧チェコスロヴァキアの首都プラハで小学校時代（小学校二年〜六年）を過ごされた小森さんが「プラハに行くなら案内しますが」と言われたので、私は「それは無理です」とお答えしたことがあった。私の母は、そのとき、すでに八〇代後半になっており、要介護３の状態で私が自宅で介護を行っていたからである。その事情もご存じの小森さんは、間髪入れず、「お母さんも一緒に行くんだよ」と笑いながらおっしゃったことがあった。その深い思いやりに感激したことを、今でもはっきりと覚えている。博士論文を一書として刊行してから約五か月後に母が亡くなった。そのとき、小森さんは「待っていてくれたんだよ」とおっしゃって下さった。小森さんには言葉に言い尽くせないほど心から感謝している。

母の存命中、往時、国文読書会で知り合うことができた松下浩幸さん（明治大学教授）が拙宅を訪問されたことがあった。松下さんは母と挨拶を交わし、私とは深夜、日付が変わるまで歓談した。母が亡くなってから、しばらくして、松下さんは時間を割いて弔問に来て下さった。松下さんに対する感謝の気持ちは現在も、そして、今後も変わらない。

すでに一〇年以上にわたり親交を深めている元カリフォルニア大学アーバイン校教授エドワード・ファウラーさんは来日されると、必ず連絡を下さる。いつも気にかけていただき大変有り難く思っている。いうまでもなく、本書のタイトルは、ファウラーさんの画期的な私小説研究『告白のレトリック』を意識したものである。

ここでご芳名を掲げない方々も含め、私は、実に数多くの方々に支えられて現在に至っている。この場を借りて、皆さんに改めて心からのお礼と感謝の気持ちを申し述べておきたい。ほんとうに、ありがとうございます。

拙書『貧困の逆説――葛西善蔵の文学――』は、実績のある数名の近代文学研究者から一定の評価を得ることができたが、この著作には誤植が散見され、内心、忸怩たる思いで過ごしてきた。そこで今回は、収録した諸論考について、畏友齋藤秀昭さん（大正大学・十文字学園女子大学非常勤講師）に校正をお願いした。齋藤さんは心よく引き受けて下さり、多忙な時間を割いて校正刷《ゲラ》りのチェックをして頂いた。深く感謝申し上げたい。校正面において大過がなければ、それは齋藤さんのお蔭である。しかし、なんらかのミスがあれば、最終的に校正・校閲をした私の責任である。

先に誌したように、すでに母は泉下にいるが、最期に、母は私に「ありがとうございます」と語りかけてくれた。私の記憶の中にはこの言葉と共に、現在もなお母はしっかりと生き続けている。父は一九七一年に亡くなった。母は二〇一二年、父の祥月命日の二月一六日に亡くなった。谷崎潤一郎『春琴抄』の春琴と佐助は、二一年の歳月を挟んで共に一〇月一四日に亡くなっているが、彼ら以上に長い星霜を挟んで病没した父母に本書を捧げたいと念う。

本書が成るに当たって、鼎書房代表加曽利達孝さんに大変お世話になりました。末筆ながら、誌して篤く謝意を表します。

二〇一八年一二月

伊藤　博

初出一覧

Ⅰ　自己実現への模索

＊谷崎潤一郎の教養小説――「異端者の悲しみ」

原題「「異端者の悲しみ」への一視角――中間者の飛躍――」

（『日本文學誌要』第74号、二〇〇六年七月）

Ⅱ　情況への態度決定

＊古木鐵太郎の背徳小説――「吹きぶり」

書き下ろし

Ⅲ　虚無を生きる時代

＊堀田善衞と日野啓三――「広場の孤独」「向う側」

原題「堀田善衞と日野啓三――「眼の虚無」から「虚点の思想」へ――」

（『法政大学大学院紀要』第65号、二〇一〇年一〇月）

Ⅳ　償いとしての習慣

＊安岡章太郎の家族小説――「海辺の光景」

原題「安岡章太郎「海辺の光景」論――償いとしての「習慣」――」

（『総合文化研究』第23巻第3号、日本大学商学部、二〇一八年三月）

Ⅴ　自己救済の想像力

＊古井由吉の虚実往還――「雪の下の蟹」「長い町の眠り」　書き下ろし

Ⅵ　憎悪と怨恨の果て

＊車谷長吉の心中小説――「忌中」

原題「試みとしての悪――車谷長吉「忌中」論」

（『日本文學誌要』第75号、二〇〇七年三月）

Ⅶ　受苦と救済の表象

＊夏目漱石「門」論攷――悲劇を生きる夫婦

原題「悲劇としての身体――『門』、受苦と救済の表象――」

（『漱石研究』第3号、翰林書房、一九九四年一一月）

Ⅷ　言葉の編み出す力

＊内田百閒『冥途』論――恐怖と幻想の物語

原題「内田百閒の言説――『冥途』論」

（『日本文学論叢』第35号、法政大学大学院日本文学専攻研究誌、二〇〇六年三月）

＊既発表の論文に加筆・修正を施した。

【著者略歴】

伊藤　博（いとう　ひろし）

1949年大阪市生まれ。

法政大学大学院人文科学研究科日本文学専攻博士課程修了。博士（文学）。

専攻　日本近代文学。

現在　日本大学、法政大学、聖心女子大学、早稲田大学非常勤講師。

著書『貧困の逆説――葛西善蔵の文学――』（晃洋書房、2011年）。

共著『私小説ハンドブック』（秋山駿・勝又浩監修、私小説研究会編、勉誠出版、2014年）。

論文「件と猫――内田百閒論」（『法政文芸』第2号、法政大学国文学会、2006年）、「野口冨士男の歩行小説――「ぶっちぎり」から「横顔」へ」（『野口冨士男文庫』第11号、越谷市立図書館、2009年）など。


私小説というレトリック■「私」を生きる文学■

発行日　2019年2月16日　初版第1刷発行
著　者　伊藤　博
発行者　加曽利達孝
発行所　鼎　書　房
〒132-0031　東京都江戸川区松島2-17-2
TEL・FAX 03-3654-1064
http://www.kanae-shobo.com
印刷　イイジマ・TOP　　製本　エイワ

ISBN978-4-907282-50-9 C0095